中小学生
礼仪教育手册

郭浩亮 / 编著

中国华侨出版社

·北京·

图书在版编目（CIP）数据

中小学生礼仪教育手册 / 郭浩亮编著. —— 北京：
中国华侨出版社, 2024.2
ISBN 978-7-5113-9096-7

Ⅰ. ①中… Ⅱ. ①郭… Ⅲ. ①礼仪—中小学—教学参
考资料 Ⅳ. ①G635.5

中国国家版本馆CIP数据核字（2024）第244168号

中小学生礼仪教育手册

编　　著：郭浩亮
出 版 人：杨伯勋
责任编辑：黄振华
封面设计：何洁薇
经　　销：新华书店
开　　本：710mm×1000mm　　1/16 开　　印张：6.5　　字数：87 千字
印　　刷：艺通印刷（天津）有限公司
版　　次：2024 年 2 月第 1 版
印　　次：2024 年 2 月第 1 次印刷
书　　号：ISBN 978-7-5113-9096-7
定　　价：29.80 元

中国华侨出版社　　　北京市朝阳区西坝河东里77号楼底商5号　　　邮编：100028
发行部：（010）64443051　　传　真：（010）64439708
网　　址：www.oveaschin.com　　E-mail：oveaschin@sina.com
如发现印装质量问题，影响阅读，请与印刷厂联系调换。

前言

　　我国一直以来都是礼仪之邦。礼仪历来都是衡量社会文明和道德品质的标尺。中华民族的尊老敬贤、百善孝为先、以礼相待、宽容待人等优良传统，对提升个人品质、弘扬民族传统文化、促进社会文明起着重要的作用。如今全球化发展趋势越发明显，中华传统礼仪也顺应时代变化，不断丰富、吸收外来文化的精华，这使现代文明礼仪规范更符合人们的需求。中国传统的礼仪文化底蕴和现代文明的礼仪规范完美结合，为我们开展礼仪教育奠定了坚实的基础。

　　礼仪教育是实现应试教育向素质教育转型所必需的。"教书育人"，不仅要教孩子们学习知识，而且要教育孩子们如何做一个有用之人；培养孩子们的思想道德修养，提高孩子们的文明素质，帮助他们养成良好的行为习惯。礼仪是一种制约人们行为的准则，是立足于社会的必备规范。

　　本书共有六个章节，分别介绍礼仪知识、个人形象、校园礼仪、家庭礼仪、公共场所礼仪、社会交往礼仪，介绍了礼仪的定义及其特征，礼仪的起源和发展，还简介了礼仪的基本原则、功能和作用，如何塑造良好的个人形象，并从服饰、仪态、致意、行为举止、礼貌用语、称呼各方面详细介绍，阐明个人形象在交往过程中的重要性。

对于在校园里应该遵守的礼仪，本书介绍了出入学校、校园和班级、课间活动、师生之间交往等方面的礼仪；在家庭礼仪方面，介绍了尊老爱幼、访客待客、餐桌礼仪等内容。在第五章介绍了出行时需要遵守的礼仪知识，如在公共场所遵守礼仪能够保持良好的形象，不影响他人。最后一章介绍了在社会交往中应遵守的礼仪知识。中小学生学习这些礼仪知识有利于提升个人素质修养，从而赢得更多人的尊重和信任。

本书通俗易懂，内容详细，科学实用，既传承了我国优秀的传统礼仪文化，又吸收了适合我国国情的国际礼仪规范，具有很强的实用性、实践性。

目录

第四章

家庭生活讲礼仪，让家变得有礼有爱

第五章

公共场所守礼仪，让社会变得更有序

第六章

与人交往重礼仪，为自己赢得真心朋友

第一章

日常礼仪不可缺，不可不知的礼仪知识

　　礼仪在我国传统文化中占有重要地位，它代表着一个社会文明的程度。在现代社会中，想要生活和谐美好，就要了解并掌握礼仪文化。

001
礼仪的定义及其特征

　　礼仪是人与人友好相处的前提。如果一个人不懂得尊重别人，也就很难得到别人的尊重。礼仪就像一面镜子，能够让人看清自己，也看清他人。

　　从前，有一只小老鼠，总认为自己很厉害，对谁都没有礼貌。有一天，他在路上碰见一只蜗牛正好挡住了他的路，就凶巴巴地对蜗牛说："小不点儿，滚开，别挡着我的路。"说完把蜗牛踢得远远的。

　　有一次，小老鼠去河边喝水，觉得河里的小鱼妨碍到自己了，就捡起河边的小石头向小鱼扔去，小鱼受到了惊吓连忙逃窜。小老鼠见状哈哈大笑："知道我的厉害了吧！"

　　有一天晚上，小老鼠在回家的路上看见一头小猪躺在路边，趾高气扬地说："谁给你的胆子，竟敢挡我的路。"说着就向小猪踢了过去。只听到"嘭"的一声，小老鼠正好踢到小猪的脚上，疼得小老鼠"嗷嗷"直叫，小猪倒是没什么事。小猪站起来对小老鼠说："你平时傲慢无礼，不懂得尊重其他动物，这下尝到苦头了吧！"小老鼠捂着疼痛的脚，羞愧地低下了头。

尊重他人、友善待人是人与人之间交往的规则，生活中还有许多这样的规则需要大家去学习，这些规则就是礼仪。

礼仪的定义

礼仪是指在社会交往中，人们在仪容、仪表、仪态、言谈举止等方面约定的尊重他人、约束自己的行为规范。"礼"原意是敬神，现在主要指尊敬的态度；"仪"是礼的外在呈现形式。"礼"是内在的，"仪"是外在的，"礼"和"仪"密不可分，只有这两者完美结合，才是完整的礼仪。

从古至今，礼仪随着社会的发展而变化，它受风俗习惯、历史文化、宗教信仰等影响，礼仪的发展也代表着人类文明程度和道德水平的发展。礼仪不仅体现一个人的思想水平、文化修养，也是一个民族、一个国家文明进步的重要标志，是现代文明的重要组成部分。

礼仪的特征

1.规范性

礼仪是对人的行为的一种规范，不是人们主观意识的结果，而是对人们在社交活动中形成的礼仪关系的概括和反映，通过风俗习惯和传统的方式流传下来。一个人要想在社会上表现得有礼貌、有教养，就必须遵守礼仪规范。如果有人不遵守社会认可的礼仪，随心所欲地按照自己的方式去生活，那么他很难被社会认可。

2.多样性

礼仪作为一种行为规范，涉及生活的方方面面，这就决定了礼仪具有多样性。因为人们在社会上扮演着不同的角色，所以不管是在形式上，还是内容上，都决定了礼仪的多样性。

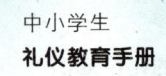
3.继承性

人们在社会交往中的行为习惯以准则的形式固定下来，随着时间的推移沿袭下来，最终形成礼仪规范。每一个民族的礼仪都是在传统礼仪的基础上演变而来的。人们对待礼仪，应该秉持"取其精华，去其糟粕"的原则。

4.差异性

礼仪会因为地点不同、对象不同、时间不同而有些差别，同样会因为各地的文化习俗不同而有所差异。因此，在社交中，我们应该尽可能多地了解和掌握社交礼仪，熟练运用礼仪，使自己在社交活动中拥有良好的形象。

5.发展性

礼仪是随着时代的发展而变化的。如果礼仪不紧跟时代，很容易出现新的问题、新的矛盾，严重时会导致社会的停滞不前甚至倒退。

002
礼仪的起源

礼仪是人类为了维系社会正常发展而逐渐形成的基本行为规范。礼仪能够体现一个人的思想道德水平、文化修养程度、社会交往能力，从而反映一个国家或者民族的文明程度。

中国一直以来就有"礼仪之邦"的美称。礼仪规范是让人在约束自己、完善自己的同时，去尊重他人。

一位少年跟随父亲去看马戏，排队买票的时候花了很长时间，在他们前面的是一家人——几个孩子叽叽喳喳、兴奋地谈论马戏场里的猴子、小丑，迫不及待地想要冲进剧场。轮到他们买票的时候，售票员问孩子们的父亲需要几张票，并报出了价格，孩子们的父亲犹豫了一下，显然是带的钱不够，看着孩子们期待的眼神，他怎么开口说钱不够呢？少年的父亲将这一切都看在了眼里。他悄悄地把手伸进口袋，将仅有的20元拉出来掉在了地上，然后蹲下身去捡，拍了拍这位父亲的肩膀说："先生，这是从您口袋里掉出来的吧。"孩子们的父亲立即就明白了是怎么回事，拉着少年父亲的手，颤抖着说："谢谢您，非常感谢您，先生。"虽然少年和父亲没有看到精彩的马戏，但是他们收获了快乐。

在生活中，如果人人都能抱有一颗友善、宽容、尊重他人的心，那么生活也会变得更加美好。礼仪存在于生活的每个角落，接下来就让我们来了解一下礼仪的起源、本质及学习日常礼仪的目的。

礼仪的起源

1.天神生礼说

《左传》中记载："礼以顺天，天之道也。"意思是，礼是顺应天意而生，顺应天意的礼是合乎"天道"的。这一说法显然不科学，但也反映了礼仪起源的某些现象。

2.天地人统一说

这个说法起源于春秋之后，认为天地人之间存在着一种相互制约关系，在某种程度上又相互统一。把礼放在与人有关的事物中讨论，比"天神生礼说"进步，但依然没有摆脱天神说，所以仍是不科学的。

3.礼起源于人性

这个说法起源于儒家学派，他们主张把礼与人性结合起来，认为礼是人的天性。孔子用"仁"来解释"礼"，将"礼"作为处理人际关系的总则，并把"仁"作为"礼"的核心依据。

4.人性和环境矛盾的产物

这一学说主要在于解决人与环境的问题。孔子提出"克己复礼"，就是看到了人与环境的矛盾，而解决这一矛盾的办法就是"克己"。人的好恶欲望如果没有被限制，什么事情都能干得出来。

5.礼生于理，起源于俗

理，是指事物的必然性的道理。在社会发展中，人们会制定出合乎社会发展必然性和道理的行为规范，这就是"礼"。"礼"是理性认识的结果，又与风俗习惯相关，所以也有了"礼"起源于俗的说法。

礼仪的本质

"仁者，人也，亲亲为大。义者，宜也，尊贤为大。亲亲之杀，尊贤之等，礼所生也。"孔子在这句话中点出礼的核心是尊敬。"礼者，敬人也。"这句话表达了"礼"尊重与爱的内涵，如果能够做到尊敬他人，就是掌握了礼仪的本质与灵魂。

学习日常礼仪的目的

在现代社会中，与人交往，可以实现信息资源共享，让我们了解更多的知识；在交往过程中，人们通常会投入时间带来精神及感情的收获；学习礼仪有助于我们更顺利地与他人建立良好的关系。礼仪是建立关系的纽带，因此，学习日常礼仪，不仅可以提升自己的魅力，对自己的人生发展也有推进作用。

003
礼仪在不同时期的发展

中国文化源远流长，礼仪是中国文化的核心，礼仪的发展受历史传统、宗教信仰、风俗习惯、思想文化等因素的影响。随着人们思想的改变、时代的发展，礼仪也不断丰富变化。

礼仪随着时代的变化而变化，不合时宜的礼仪却能制约一个人的发展，伤害一个人的心灵。从礼仪的产生到现在，礼仪的发展大体上划分为四个阶段。

礼仪形成阶段

礼仪形成阶段约为公元前21世纪~前771年，这一阶段为奴隶制时期。此前礼仪没有一套完整的体系，夏朝时期开始致礼，商朝时期礼仪已经涉及生活的方方面面。记载周礼的"三礼"出现，标志着礼仪变得系统而完整。在这一阶段，礼仪从单纯的祭祀天地、鬼神、祖先的形式，发展到了制约人的行为。在这一阶段，礼的内容最突出的就是"王礼"。"王礼"分别用于祭祀、冠婚、宾客、军旅和丧葬等重大事件。这些礼仪内容对后世的生活发展有重大的影响。

封建礼仪阶段

封建礼仪阶段主要为公元前221年至1911年。在这一阶段，礼仪的明显特征就是将人们的行为归为道德的轨道，主张"仁者爱人""舍生而取义"，遵从"三纲五常"等，禁锢了人们的思想。礼教文化是这一时期"礼"的核心和主要内容。

近代礼仪阶段

近代礼仪阶段是从1911年至1948年，辛亥革命的胜利标志着统治中国两千多年的封建专制制度的结束。孙中山于1912年1月1日在南京就任中华民国临时大总统，新的礼仪也随之出现。在这一阶段，礼仪主要体现自由、平等的原则，普及教育，废除繁文缛节，改易陋习，破旧立新，拉开了近代礼仪的帷幕。

当代礼仪阶段

当代礼仪阶段是新中国成立至今。新中国确立了新型的社会关系和人际交往关系，标志着我国礼仪进入了一个全新的时代。摒弃历史上沿袭下来的陋习和等级尊卑制度，确立了人与人之间平等的新型社会关系。尊老爱幼、先人后己、礼尚往来、修身养性等中国传统礼仪中的美德则得到了继承和发扬。

004
礼仪的基本原则

礼仪强调的都是一些人与人之间交往的细节。遵守礼仪的原则，会让他人感受到自己是被尊重的，也可以给他人留下一个非常好的印象。

某电视台儿童节目栏目组，为了使节目更加丰富多彩，决定公开招聘20名小记者。报名的孩子达数百人。经过海选之后，有100多人来参加面试。面对前来应试的孩子，评委们一点儿都不客气，问题一个接着一个，孩子们思维敏捷，口齿伶俐，坦然自信，对答如流，让评委们很难取舍。但是选手们在考场下的表现，让评委们看到孩子们之间的差距，很快录取标准也有了改变。因为考生们在台下可谓是千姿百态：有的站立抬头挺胸，有的靠椅抖脚，有的坐在椅子上端端正正，有的瘫坐在椅子上。这些都被评委们看在眼里。结果出来后，那些站没站相、坐没坐相的孩子都被淘汰了。

世界上最廉价也最宝贵的一种东西就是礼节，在社会交往中，懂得礼仪，遵守礼仪，是打开一切社交大门的钥匙。接下来，我们就一起来学习礼仪的基本原则。

要求自己的礼仪原则

1.诚信原则。即对人要真诚，要守信义。真诚是指一个人对人和事的态度，要求实事求是，不能有任何的欺瞒，要求言行一致，是外在行为与内在思想的统一。信义指守信用。俗话说，"一言既出，驷马难追""言必信，行必果"。说出口的话就一定要做到。

2.宽容原则。宽容就是宽宏大量，体谅别人，遇到问题要设身处地地为他人着想，不要斤斤计较。在人际交往中，我们会遇到形形色色的人，每个人的思想、素质、认知都不尽相同。因此，在与他人交往时保持一颗宽容之心，才能化解各种矛盾。

3.自律原则。自律就是自己约束自己，学习社交礼仪的重中之重就是要懂得自我控制、自我反省、自我监督，时刻提醒自己。

与他人相处时要注意的礼仪原则

与他人相处时，要注意的礼仪原则有：

1.平等原则。在社交活动中，我们要以礼待人，不卑不亢。对任何人都一视同仁，平等对待。不因对方的性别、年龄、相貌、职业、种族等差别对待。平等原则是社会礼仪交往中的核心，也是现代礼仪与传统礼仪的本质区别。

2.互尊原则。在社交活动中只有双方互相尊重、互相谦让，才能和睦相处。不伤害他人的自尊，不侮辱他人的人格，才能长久地和谐相处。

3.适度原则。与人交往中要注意把握分寸，适度得体。对人既要彬彬有礼，又不卑躬屈膝；既不过分热情，又不目中无人。

其他要注意的礼仪原则

1.遵守原则。当我们学习、了解了礼仪规范之后，都应该自觉遵守并付诸行动，这样学习礼仪知识才有它的意义。

2.从俗原则。礼仪文化会因国家、民族、文化的不同而有所变化，我们在交往过程中要正确认识礼仪文化，尊重对方的礼仪，做到入乡随俗。不要自以为是，产生不必要的误会，从而影响交往关系。

005
礼仪的主要功能和作用

正确把握与人交往时的尺度，就能充分发挥礼仪的功能，使人们在人际关系中不惊慌失措，以致失礼于人，做出不尊重对方的事情。当一个人熟悉并掌握礼仪，在待人处世方面就会游刃有余。曾经发生过这样一件事情。

在一个圣诞节前夜，珠宝店马上要关门了，这时进来一位30多岁的男子，他穿着一身有些褶皱的西装，没有系领带。在珠宝店来回看了看，一副心不在焉的样子。他指着一条镶有七颗钻石的手链说："小姐，请把这条手链拿过来看一下。"又问："多少钱？"珠宝店老板回答道："12万美元，先生。""太贵了吧！"说完他把手链还给姑娘，转身向外走去。姑娘小心翼翼地将手链放回原处，却发现少了一颗钻石。她紧跟着男子，在门口追上了他，伸出右手微笑着说："先生，祝您圣诞节快乐！"男子迟疑了一下，伸出右手，握住了她的手，微笑着说："谢谢。"说完，男子转身离去。姑娘感觉手心里多了一个硬硬的东西，她知道就是那颗钻石。

十年后，珠宝店里进来了一位40多岁的富商，他握住珠宝店老板的手说："谢谢你，十年前是你给了我自尊，给了我生存的智慧。"

　　在生活中，有时一次简单的握手，就能收获人生的"钻石"。掌握与人相处的礼仪，就有可能收获人生中意想不到的礼物。接下来，我们来学习一下礼仪都有哪些主要功能及作用。

礼仪的功能

　　1.沟通功能。在交往过程中，人们的一言一行、仪态仪表都是一种潜在信息。良好的礼仪修养可以提升一个人的形象，表达出与人友好交往的愿望，拉近人与人之间的距离，促进人与人交往的感情。如果每个人都能够做到遵守礼仪，人与人交往就更容易沟通。

　　2.约束功能。礼仪规范是对人的行为的制约，是社会约定俗成的行为模式。礼仪是通过外界的评价、舆论、示范等形式，要求人们遵守大家所认可和接受的礼仪规范。如果一个人不遵守礼仪，社会就会用道德和舆论压力来约束这个人。

　　3.调节功能。在社会生活中，人们难免会发生摩擦、碰撞。此时良好的礼仪修养就会避免冲突的发生，缓和紧张气氛，调节人与人之间的矛盾。由此可以看出，礼仪在处理人际关系和发展健康的人际关系中起着重要作用。

礼仪有助于塑造良好形象

人们都希望自己能够在他人面前保持良好形象，以受到他人的信任和尊重。礼仪是塑造良好形象的重要手段。在交谈中，人们注意礼仪，就能变得文明；举止文明，就会看起来优雅；一个人讲究礼仪，就会充满魅力。

006
学习礼仪的重要意义

随着社会的不断发展，人与人之间、国与国之间的交往日益频繁。社会活动范围也随之扩大，人们接触的礼仪文化也越来越复杂，运用礼仪也越来越普遍。学习礼仪对我们每个人都具有重大意义。

古语说："人无礼则不生，事无礼则不成，国家无礼则不宁。"由此可见，学习礼仪对培养一个高素质、有思想的人才具有非常重要的意义。接下来看一个故事。

在一个炎热的夏日，北京气温高达38摄氏度。新加坡的一个中学生代表团来访问中央戏剧学院，他们每个人都身穿西服和皮鞋，接待室又没有空调，每个人都是汗流浃背的。但是在观看演出的整个过程中，他们的西装依然整整齐齐的，没有一个人解开扣子或者脱掉西装。新加坡的带队老师说："再热也要穿西装，这是正式访问，一定不能丢了礼仪。"

第二天，他们准备外出参观，其中一名学生迟到了大约五分钟。新加坡老师严肃地批评了这名学生，并让他到每一位老师和学生面前鞠躬道歉，并专门向司机师傅道歉。

学习礼仪并遵守礼仪，在尊敬他人的同时，也能够彰显自己的文化修养，从而赢得他人的尊敬。接下来我们来认识一下学习礼仪的重要意义。

促进理想人格的完善

人格的构成主要指人格结构的构成。人格结构包括两个方面：一方面是行为结构；另一方面是心理特征、大脑的意识等深层结构。人们正是通过外表的行为结构，在社会生活中展示自己，在不同的环境中以感性的行为模式来表现自己独特的人格特性。人们会通过一个人的外在行为表现来判断对方的性格。与此同时，外界的舆论评价督促人们学习礼仪来正确规范自己的行为，并培养文明礼仪的习惯，发展完善的人格。

构建良好的人际关系

良好的人际关系是成功的助推器。礼仪在社会交往中起到协调的作用，帮助人们保持良好的人际关系。刚开始交往时，由于彼此都不了解，一般都会有一定的戒备之心，保持安全距离。此时如果双方都能做到遵守礼仪，给人以尊敬、平等、真诚，尊重他人的感觉，一定会赢得对方的信任和好感。礼仪是社会交往中的纽带，是建立和谐的人际关系的调节器。

提升社会文明水平

礼仪是社会进步与发展的必然结果。社会礼仪是人类的精神文明，人们通过优雅的举止、端庄的气质、高雅的形象，展现着个人与时代的精神文明，同时反映着人类物质生活条件的发展。文明的社会礼仪推进了人们高尚的社会风气，促进了社会生产、科技、经济等的发展，也推动了社会物质文明的进步。社会礼仪的进步标志着社会文明的进步，是人类文明发展的结果，标志着社会文明水平的不断提高。

提高人文素质

　　文化素质教育主要是针对人内在素质的培养，也就是通过学习人文知识来塑造具有高尚品质的文化。人文教育有教化功能，它能影响和改变一个人的思想、个性、价值观等，最终目标是教会人们怎样处理好人际交往关系，如何做一个文明人。现在一般认为人文教育涉及文学、艺术、历史文化、哲学等学科，而社交礼仪教育包含了文化素质教育和道德教育。由此可见，社交礼仪教育更能直接教会人们如何与人相处，如何做一个文明人。

第二章

仪表谈吐好礼仪，打造个人好形象

在生活中，给别人留下美好的第一印象是非常重要的。中小学生塑造良好的个人形象，要注意自己的仪容、仪表、仪态。要不断提升自身修养与魅力，学习谈吐礼仪。

001
塑造个人形象需要具备的礼仪

德国诗人歌德曾说："外貌美只能取悦一时，内心美方能经久不衰。"人们会随着岁月的流逝而失去姣好的容颜，但是内心的美好却是永存的。自我形象是一个人的整体风采，彰显着一个人的容貌、气质、修养与个性，而气质、修养、个性都是后天可以塑造的。

一个人的形象并不单单指相貌，还包括由内而外散发出的一种修养。再美好的外在形象，如果没有内在品质的支撑，依然是暗淡无光的。因此，塑造良好的个人形象，要从心出发。为此，我们来看这样一则故事。

古时候，有个帅气的小伙子专门负责雕刻恶鬼的石碑。随着时间的流逝，这个小伙子发现自己的样貌变得非常狰狞，心里很害怕也很苦恼，就来到一座寺庙为自己祈福。在神明面前他说明了自己的苦恼："我一生没有做过一件坏事，对工作也是兢兢业业，不知道老天为什么要惩罚我这个无辜的人，让我变得这样丑陋不堪。"

一位高僧听到了他的苦恼，上前问他是做什么工作的？年轻人说自己是做雕刻的。高僧又问雕刻的是什么图案？小伙子说雕刻的是恶鬼。高僧听完后哈哈大笑："想要恢复你以前的样貌不难，只要以后不再雕刻恶鬼就行了。"年轻人采纳了高僧的建议，后来他的样貌变得和蔼可亲了。

由此可见，一个人的外貌会因为内心而有所改变。所以，塑造个人形象，不仅要注意外在形象，更要注重内在的品质。接下来就让我们一起来学习如何塑造良好的个人形象，以及塑造良好个人形象的重要性和影响。

如何塑造良好的个人形象

1.外在美

穿着要简单大方、干净整洁；头发要干净，不留长指甲；走路时要抬头挺胸，说话铿锵有力，做事勤快，学习努力上进。

2.内在美

要有良好的个人素质。个人素质直接影响着一个人的形象，良好的个人素质，包括拥有正确的价值观、世界观，为人处世要善良，要有广阔的胸襟、坚强的意志。任何事情都要看得开，不要斤斤计较，要胸怀大志，这样才不会被生活中的风风雨雨打倒。要有不怕吃苦、不怕挫折的坚强意志，积极、乐观地面对生活。

要有自信心。一个人要想做成功一件事，心理暗示是非常重要的。有时候一个人的失败不是因为能力不足，而是他们自己信心不足。永远记住"我是最好的"，心态决定一切，而自信也是成功路上必不可少的一种心态。

塑造个人形象的重要性

1.得体的个人形象会给初次见面的人留下良好的第一印象。不同的场合要有相应的装扮，一个人的言谈举止直接体现出他的内在品质。

2.个人形象是重要的沟通工具。个人形象在人与人交往过程中起到非常重要的作用，决定他人对你的信任程度。服装是形象塑造的第一外表，往往会成为别人关注的焦点。当一个人的形象成为有效的沟通工具的时候，那么塑造个人形象就是一种投资，长期坚持会得到丰厚的回报甚至还会增值。

3.个人形象不只代表自己。我们在社会上，扮演着不同的角色，你的个人形象也会代表着集体。作为孩子，你的个人形象代表家庭；作为学生，你的个人形象代表学校或你所在的班级。因此，中小学生要意识到自己的个人形象与修养的重要性。

002
个人服饰需要注意的礼仪

服饰礼仪是一种文化，代表了一个民族的文化水平和物质文明的发展程度。我国有56个民族，许多少数民族有自己的服饰文化。在日常生活中，服饰是一个人内在美与外在美的统一。

在人际交往中，我们可以通过服饰判断出一个人的性格，看出一个人的气质，感受到一个人对美的追求及他的审美能力。穿着也要根据地域、文化、场合的不同而变换。接下来我们来看一则故事。

一位女推销员一直在美国北部工作，平时都穿着一套深色衣服，提着一个男士公文包。没多久，这位女推销员被调到了阳光明媚的南加州，她仍然穿着一套深色衣服、拿着一个男士公文包去推销产品，但是结果都不理想。后来，她改变了自己的穿衣打扮，穿上了色彩很淡的套装和连衣裙，挎着女性化的包，使自己看起来更亲切。着装发生变化后，她的业绩提高了近30%。

在生活、学习中，我们要塑造一个真正美的自己，就要让穿着打扮符合自己的形象、气质，通过和谐、得体的穿着来展现自己的才华和修养。接下来，我们一起来了解一下中小学生服饰要求、穿衣打扮的原则和穿衣禁忌。

学生衣着的原则

1.穿着整洁

衣服不需要有多艳丽和华贵，只要整洁、平整，穿起来端庄大方就可以。穿衣整洁不仅是为了自己，更是尊重他人的一种表现。

2.着装要与身份、年龄相符

在社交场合，如果穿着不当，可能会引来别人的误会。比如，一个同学穿着超短裙去上课，这样的穿着就很不得体。

3.着装要与场合协调

不管穿着多么华丽，如果不考虑场合，就会显得很没有礼貌。比如参加活动，大家都盛装出席，你却穿着便服，就很不礼貌。在正式场合或者重要的仪式上，要考虑当地的文化习俗，懂得入乡随俗。去教堂或者寺庙这种严肃的场合，不能穿太过暴露的服装。

4.遵守不同时段着装的规则

时间不同，可能需要的穿着打扮也不同。比如，学生在学校要穿校服，放学回家或者周末的时候就可以穿其他样式的衣服；上班族上班时要穿得职业、偏正式一些，下班后就可以穿得随意、轻松一些。

在正式场合中的着装禁忌

1.过于繁杂。着装主要是简单大方，样式、色彩都不宜繁杂，全身着装的颜色最好不要超过三种，衣服图案不要过于凌乱。

2.过于暴露。在正式的商务交往活动中，身体的某些部位是不应该暴露的，如胸部、肩部、大腿等。

3.过于短小。在正式严肃的场合，不适合穿过于短小的服装，如超短裙、超短裤、短袖衫、露脐装等，这些穿着有失庄重。

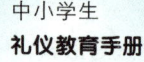
003
良好的仪态需要注意的礼仪

　　仪态也称仪姿、姿态，是指人们身体所呈现的所有动作，主要包括肢体动作、神态表情及相对静止的体态。仪态不仅能够体现一个人的文化涵养，而且是构成一个人的美好外在的重要体现。

　　仪态是人们表达感情最直接的一种形式，不仅可以直接表达自己的想法，还会影响周围人的情绪，具有极强的感染力。在重要场合不注意自己的仪态，可能会带来灾难。下面我们来看一个小故事。

　　公元前592年，四国使臣（晋国、鲁国、卫国、曹国）带着墨玉、币帛等向齐国国君齐顷公献礼。献礼的时候齐顷公发现四国使臣都不对劲，晋国使臣是个独眼，鲁国使臣是个秃头，卫国使臣是个跛脚，曹国使臣是个驼背。晚上，齐顷公把白天看到的四个人当成笑话讲给他的母亲萧夫人听，没想到齐顷公的母亲执意要见这四个人。正好第二天齐顷公要设宴招待这四位使臣，便答应母亲，让母亲躲在帷帐后面看。母亲一看到四位使臣便忍不住大笑起来，她的随从们也跟着笑得前仰后合。笑声惊动了使臣们。当他们得知齐顷公是故意这样安排的，立刻火冒三丈，带着礼品离开了齐国。四国使臣约定回国起兵讨伐齐国，洗雪耻辱。四年后，四国联手讨伐齐国，齐国大败，只能割地求和。

　　齐顷公与他的母亲萧夫人对使臣们的不尊重，给齐国带来了战争之灾。可见，礼仪是多么重要。接下来，让我们一起来学习一下仪态礼仪的具体内容。

仪态礼仪的特征

1.仪态是一种"无声的语言"

在与人交流时，我们除了用语言传递信息，还会通过自己的身体语言、表情等传达自己的想法。对方在接受语言信息的同时，也会观察你的肢体动作、表情等。仪态传达的信息比苍白的语言更有说服力，它是一种极其复杂的语言。

2.仪态是内在素质的真实表露

仪态可能没有语言表达的直接，但是它能反映出人们内心真实的想法。或许你说的话能够欺骗对方，但是你的姿态、表情、态度能出卖你。在社会交往中，仪态就像是自己的名片，对方可以凭此判断出你的学识、地位、能力等。很多受过良好教育并且在各方面都很出色的人，都能做到举止得体、优雅。

3.仪态的习惯性

仪态是人们在成长和交往中慢慢形成的行为习惯。仪态的习惯性是人们对某一动作的理解。一方面它有一致性，如人们通过笑容来表达高兴的情感；另一方面它会因民族文化的不同而具有不同的含义。比如，点头在中国和西方大部分国家表示肯定，而在印度等国家表示否定。此外，这种习惯性都是后天养成的，与每个人的成长环境都有关系，一旦形成，就很难改变。

仪态要注意什么

1.坐、立、行

仪态是指人在交往中的行为姿势，主要包括坐姿、站姿、走姿等。民间一直流传着这样一句话："站如松，坐如钟，行如风，卧如弓。"中小学生也要坐有坐相，站立要笔直，不倚不靠，行走时步伐要矫健。优美的站立姿势给人以挺拔、精神抖擞的感觉，要注意身体站直、抬头挺胸，切忌无精打采、耷拉脑袋、弯腰驼背；正式场合不要叉腰或者双臂环抱在胸前；坐姿要求端正而不死板，在正式场合不要跷二郎腿更不能瘫着，两腿间距应与肩同宽，双手自然放在膝盖或扶手上；走路时要抬头挺胸，双臂自然摆动，步速适中，切忌走路摇摇晃晃；要表现得对人尊重，不要有轻蔑的神情，要面带微笑。以完美的姿态展现自己良好的精神。

2.面部表情

与人交往时，要目光和蔼，举止端庄，面带笑容。试想，如果你总是皱着眉头和别人说话，或者在对话的过程中心不在焉地看着其他的地方，那么即使你怀着一颗至诚之心，别人也感受不到。

3.谈吐、举止

声音的大小应该根据与听者的距离、场所而定；手势要自然优雅、符合礼仪，遵从入乡随俗的原则。另外，还要根据与听者的关系远近表现出相应的仪态礼仪。

004
如何正确地行致意礼

致意即打招呼，是一种不需要通过语言就能够表达问候的礼节，也是生活中常见的一种问候的礼节。它在礼仪文化中占有重要

地位。不管哪个国家或者民族见面时都会行致意礼。

致意礼通常用于两个认识的人之间打招呼示意，是一种表示问候的方式。礼貌的致意，不仅给人一种友善的感觉，还表现了一个人的修养。

在日常生活中，致意礼仪有很多种，行致意礼要注意场合，遵守其基本规范。

致意礼仪的几种表达方式

1.举手致意。举手致意一般不必出声，只需将右臂举起，掌心朝向对方，轻轻一挥即可，不用一直在空中来回摇摆。

2.点头致意。点头致意一般是头略向下，幅度不用太大。

3.欠身致意。欠身致意也称鞠躬致意，即全身或身体上部向前一躬，表示对他人的尊敬。

4.脱帽致意。与别人见面时，如果戴的帽子是有帽檐的，需要脱帽致意。微微欠身，将帽子放在与肩平行的位置，并与对方交换目光。

5.微笑致意。见面时相视一笑，可以用于同不相识者初次见面的场合，也可以用于老朋友在同一场所反复见面时。

致意时要注意自己的举止，不要大声叫喊，妨碍到他人；致意时动作也要认真，不能马马虎虎，不然反而给人一种不尊重别人的感觉。

运用致意礼仪的场合

1.举手致意，适用于距离较远的熟人打招呼。

2.点头致意，适用于不适合交谈的场合。

3.欠身致意，即鞠躬致意，表示对他人的尊敬，适用范围较广。

4.脱帽致意，与他人见面时，如果戴的是有檐帽子，以行脱帽礼为宜；如果是熟人或朋友迎面而过，可以轻拿一下帽子致意即可。如果戴的是无檐帽，就不必脱帽。注意不要两手插兜。

5.如果遇到对方向自己致意，自己应该用同样的方式回应致意，不能毫无反应。

致意的基本规范

1.在各种场合，男士应先向女士致意；年轻者向年长者致意；学生向老师致意。

2.女士在以下几种情况下应该先致意：遇到上级、长辈、老师、特别敬佩的人、一群朋友时，都应该率先致意。

3.女士不管在什么场合，年龄大小，是否戴帽子，只需点头致意或微笑致意即可。

4.行注目礼时，双眼要自然地凝视对方，表示尊敬。注目礼一般不单独使用，而是在介绍、握手等的同时，双眼注视对方，表示尊敬。

5.握手礼。行握手礼时，通常距对方一步，两足立定，上身前倾，伸出右手，微微抖动三四次，时间把握在3~5秒为宜。

005
社会交往中的手势

在与人交往中，人们除了通过语言沟通感情，也能从一个人的行为举止、神态表情了解他。以手势为例，不同的手势有不同的含义，表达的感情也多种多样。能够运用正确的手势、恰当的表情来准确表达自己的想法，会为交际增光添彩。

眼睛是心灵的窗户，也许一个人的嘴巴会说出谎言，但是眼睛却很难骗人。人真正开心的时候，眼睛都带着笑意。微笑能治愈一个人的心灵，使人看到希望。下面来看这样一则故事。

一个小镇上住着一位非常有钱的富翁，但是他一直不快乐。有一天，他在街上游荡，垂头丧气。突然，他看到了一个小女孩，小女孩用天真的眼神看着他，露出甜美的微笑。富翁看着小女孩天真的脸庞、无邪的笑容，心中豁然开朗。他在心里问自己："为什么不高兴起来呢？这样的笑容多么美好啊！"第二天，富翁收拾行囊踏上了追寻梦想和快乐的旅程。临走时，富翁将自家的珠宝都送给了小女孩。镇上的人觉得奇怪，问小女孩："你做了什么，竟然能够打动那位吝啬的富豪？"小女孩天真地笑了起来，回答道："我什么都没做，只是对他微笑了而已。"

微笑的表情有时候能够给人力量，也能够融化一颗冰冷、绝望的心。手是人的第二双眼睛，手势在人际交往中是不可或缺的动作，俗话说"心有所想，手有所指"。日常生活中，经常会用到哪些手势？运用手势时需要注意的事项有哪些呢？

常用的手势

1. "介绍"手势。为他人介绍时，手势动作要文雅。不管向哪一方介绍，手势都应该是手心朝上，四指并拢，拇指张开，手掌抬到与肩同高的位置，并指向被介绍的一方，面带微笑。在正式场合，不应该用手指指点点，甚至拍打被介绍一方的肩或背。自我介绍时，应用手掌轻按自己的左胸，表现出端庄、大方、谦逊的态度。

2. 鼓掌。鼓掌时，一般用右手掌轻击左手掌，一般不戴手套，双手一般举至胸前或者眼前位置。鼓掌用以表达自己的兴奋与激动，也表示喝彩或对他人的欢迎。鼓掌时要热烈，但不能太夸张。

3. 竖起大拇指。竖起大拇指表示对别人的称赞。大拇指一定

要朝上。

4.递、接物品。递、接物品的时候要用双手，以表示自己对对方的重视；递东西的时候，要主动靠近接物者。

使用手势的注意事项

1.区域性差异。不同国家、民族、地区的文化不同，手势代表的含义也不同，有时表达的内容相去甚远。所以，了解当地文化后再运用手势礼，才能避免产生误会。

2.手势宜少不宜多。在交往中，多余的手势，会给人一种装腔作势、没有修养的感觉。

3.手部动作不要太夸张。夸张的手势会给人一种张牙舞爪的感觉，让人觉得此人没有涵养。

4.手势在不同国家的寓意。在中国，竖起大拇指表示棒、称赞；在希腊，向上竖起大拇指表示足够，向下表示坏蛋；在美国，向上竖起大拇指表示好，向左、向右表示打车方向，向下竖大拇指并敲桌子表示不满。

006
使用礼貌用语需要注意的事项

礼貌用语是指在交往过程中人们使用的一种让他人能够感到受尊重的语言。礼貌用语是尊重他人的一种具体表现，也是自身修养的一种体现。

"人无礼则不生。"人的礼貌是外在的、表面的，而修养是一个人内心散发出来的。一个有教养、懂礼仪的人会给人以好感，并且在人际交往中如鱼得水。

据传，宋代著名诗人苏东坡一次出游，在路上看见一座小庙，准备进去小憩。方丈见来客衣着朴素，相貌平平，就对他非常冷淡，随意地说："坐。"又叫了一声"茶"，两人在交谈过程中，方丈觉得此人学识过人，就把他引到厢房，客气地说道："请坐。"并吩咐："敬茶。"两人又聊了一会儿，方丈才意识到来客竟是著名的诗人苏东坡，顿时肃然起敬，连忙作揖，并把苏东坡带到客厅，郑重地说"请上座"，并吩咐"敬香茶"。苏东坡在客厅稍坐一会儿准备起身离去，方丈忙请苏东坡写一副对联作为留念。东坡淡然一笑，写下："坐请坐请上座，茶敬茶敬香茶。"方丈看到后羞愧不已。

通过语言，人们可以看出对方的态度。我们应该了解常用的礼貌用语有哪些，避免礼貌用语使用不当，使别人对自己产生误会。

常见的礼貌用语

在日常交往中，不同的情景适用不同的礼貌用语。经常会用到的礼貌用语有以下几种。

1.欢迎语：一般去商店或去购物时，工作人员都会说"欢迎光临""谢谢光临"；与认识的人再次见面时会说"再次见到您，真是万分高兴"。

2.询问语："请问您贵姓""请问您几位""请问方便吗""请问高铁站怎么走"等。

3.请字语：多用"请"字开头，比如"请坐""请上车""请您慢走"等。

4.问候语："早上好""中午好""下午好""晚上好""打扰您了"等。

5.祝贺语："祝你天天开心""祝你考试顺利"等。

6.告别语："注意安全""祝你一路顺风""下次再见"等。

如何恰当使用礼貌用语

了解了常用的礼貌用语，还要在正确的场合运用恰当的礼貌用语。

1.问候语：见面时用于打招呼的礼貌用语。熟人见面用问候语表示双方友好的关系；初次见面使用问候语，能够使双方关系更融洽。

2.询问语：主动询问对方的意见和需求，表示对对方的关心和尊重。当要帮助别人做些事情的时候，要先询问，以征得对方的同意，这样可以避免一些不愉快的事情发生。

3.感谢语：用于在别人帮助自己或者提出帮助自己以及得到他人的馈赠或邀请、款待时，对他人表示感谢的礼貌用语。

4.道歉语：用于不能满足对方的请求或妨碍到他人，给对方添麻烦时，比如"对不起，让您久等了"。道歉时应该及时道歉，态度要真诚。但是，道歉语并不一定用于道歉的场合，还可以用于介入他人行为之前。

5.赞美语：用于对他人行为表示赞赏和肯定的礼貌用语。赞美他人时不要言不由衷、口是心非，否则不仅不能让人愉快，还会引起别人的反感。

礼仪用语的使用原则

1.有分寸。要做到讲话有分寸就必须先了解对方的背景，用恰当的言辞表达自己的目的。

2.有礼节。语言的礼节就是寒暄。生活中常见的五种礼节习惯用语表达了问候、告别、致谢、致歉、回敬五种礼貌。问候说"您好"，告别说"再见"，致谢说"谢谢"，致歉说"对不起"，回敬是对致谢、致歉的回答，如"不客气""没关系"等。

3.有教养。体现在一个人的方方面面，包括说话有礼貌，内容充实富有学问，尊重别人，尊重他人的私生活、衣着、爱好等。在别人有缺点的时候要委婉且充满善意地指出。

007

得体的称呼需要注意的事项

在社会交往中，称呼是打开交往大门的钥匙，得体的称呼更有助于人们在交往中建立信任感。沟通都是从称呼开始的，人们大多会对自己的称呼比较在意。因此，使用合乎礼节、能够打动别人的称呼对人际交往有很大帮助。

称呼，就是对别人的称谓。如何称呼别人能体现自己的修养、对别人是否尊敬，同时反映出了与对方的关系亲密程度。所以，不管是在日常生活中还是在社交活动中，都应该妥当地称呼他人。曾经有过这样一则小故事。

有位小姑娘向一位老大爷问路。姑娘说："喂，老头，去张村还有多远？"小姑娘连问了三次，老头才开口说："三拐杖。"姑娘一脸疑惑地说："应该论里才对，怎么论拐杖呀？"老大爷说："论里（礼）呀，你应该叫我声大爷，你不论里（礼），我才要拿拐杖教训你呀！"说得姑娘脸都红了。

称呼看似简单，却能体现一个人的教养。中小学生要掌握称呼礼仪的规范，知道使用称呼礼仪时需要注意的事项，明白称呼礼仪对交往的作用，才能更恰当地运用称呼礼仪。

称呼礼仪规范

人际交往中，一句得体的称呼可以引起对方的注意，也可以瞬间拉近双方的关系。在社交活动中，我们需要规范的称呼礼仪有：

1.对于一些有职称、有学位的人，如医生、律师、教授、博士等，都可以直接称呼为医生、律师、教授、博士等，可以加上姓氏。如"周医生""王律师""李博士""孙老师"等。

2.如果是初次打交道，或者是没有具体职称的人，男士可以直接称呼为先生，或者在前面加姓氏；如果是女士的话可以称呼为"小姐""夫人""女士"等。比如"张小姐""王先生"等。

3.比较熟悉的朋友、同事、同学，一般都是直接称呼名字。

4.生活中或非正式场合与某些没有亲属关系的人见面时，一般以亲属称谓称呼，如"张姨""王叔叔"等。

使用称呼礼仪需注意

1.对不同性别的人要用不同的称呼。如对女性可以称呼"小姐""女士""夫人"等，对男性可以称呼"先生""同志""师傅"等。对不同亲密程度的人要用不同的称呼。如果是关系很亲密的人可以称呼小名、绰号等，亲密关系一般的人不适合这样称呼。

2.一般对对方的称呼会随着所处的环境不同而有所不同。例如，一家公司老板的儿子在自家公司上班，在公司见面的时候儿子不能见面就称"爸爸"，而应该以职务名称相称。

3.生活中有的人为了体现对比自己大的女性的尊敬，会称呼对方为姐姐或者阿姨，有些女性不喜欢被这样称呼，因此，在称呼对方时要照顾对方的习惯。

4.面对面交谈中的称呼礼节。有些人想当然地认为只要对方知道自己是在对他讲话就可以了，没必要称呼他。其实，懂礼貌的人会为了表示敬重而称呼对方。

5.对说话对象的家人有称呼礼仪。比如，对老师的妻子称呼"师母"，对同学的妈妈称呼"阿姨"，对同学的哥哥称呼"哥哥"等。

6.对说话对象所属的事物有称呼礼仪。比如，问对方的姓名可以称"贵姓"或"尊姓大名"，问老人的年龄可以称"高寿"。

第三章

校园生活遵礼仪，营造温馨有序好环境

　　当太阳升起时，你是否带着欢快的脚步进入校园？当走在干净整洁的校园中，你是否会想到它需要我们每个学生的爱护？当听到同学们的欢声笑语时，你是否感受到了校园的美好与纯净？让我们一起来学习校园生活礼仪，共同营造和谐美好的校园。

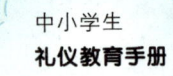
001
出入校门需要掌握的礼仪

校门是学校对外的窗口，也是外人最直观了解学校的地方，进出校门礼仪是每个学生都应该学习和掌握的。接受文明礼仪教育，让校园每一个角落都播撒着文明的种子，开出的文明之花芳香整个校园！

不管在什么地方、什么时间、周围都有谁，我们都应该遵守最基本的礼仪，这样才能构建和谐社会。如果大家都具有良好的文明礼仪，就会很少出现矛盾、争吵甚至打架的情况。

不管你身处什么地位，都要遵守基本的礼仪，这样才会有利于创建和谐的社会主义文明社会。我们也要知道在学校进出校门有哪些礼仪，自觉遵守基本的礼仪规范，做一个文明的学生。

出入校门须知

1.请假外出。在校期间请假外出时，须出示有班主任、教务处主任共同签名和盖章的请假条，并在学生出入登记表上登记。不得偷偷溜出去或者爬墙外出。

2.请假返校。须在门卫登记销假。返校时间不得超出请假时间，仪容仪表不合格或者着装不端正者不得进入校园，禁止携带违禁物品，如管制刀具、烟酒等。

3.如果学校实行封闭式管理，在规定时间内，学生禁止校外留宿。走读生进出校门时需出示走读证。

4.任何人在进入校园之后都应遵守校园礼仪，礼貌交往，彼此都用文明语言。保持校园卫生，爱护花草树木，不乱扔垃圾，不随地吐痰，不大声喧哗。

出入校门要遵守哪些礼仪

1.学生进校前首先要检查自己的仪容仪表。穿戴整齐，如果有校服，要坚持穿校服，保持校服干净整洁；如果不穿校服，也要穿着朴素、大方。不能穿背心、拖鞋进学校。如果骑自行车，应主动提前下车，进校门不要骑自行车。

2.进出校门要佩戴校徽，因为校徽是学校的标志，同时证明我们是该学校的学生，所以应该坚持佩戴。

3.在进出校园时，碰见老师和同学要说"老师好""同学好"。

4.学生在出入校园时，不能勾肩搭背，大声嬉闹喧哗。不互相追逐打闹，不要边吃东西边走路，要向值勤的学生示意，大大方方地出入校园。

5.遵守门卫制度。学校门卫人员肩负学校安全保卫重任，防止外人或坏人进入学校，破坏校园学习环境；同时负责学生的仪容仪表检查。因此，我们要尊重门卫人员。

6.在校内或进出校门时，我们同样应该遵守交通规则，要避让其他车辆和行人。

7.离开校园时，行至校门口，主动与门卫及值班老师道别。

8.同学们在上学或者放学的时候都自觉排好队，遵守秩序，那样就会避免因上学放学人多而造成拥挤，还可以节省同学们进出校门的时间。

礼仪就在我们身边，无处不在。我们要从身边小事做起，养成遵守礼仪的好习惯，有助于我们在社会上的交往，有助于我们建立良好的人际关系。

002
校园和班级要遵守的礼仪

礼仪，是在路上相遇时的微微一笑；是看到随手扔垃圾现象的及时制止；是与人相处时的亲切态度，是与老师见面时的热情问候；是受人帮助时的真心感谢……

蓝天是白云的家，清清河水是小鱼的家，辽阔草原是牛羊的家，茂密森林是小鸟的家，校园是我们的另一个家。因为我们是班级的一分子，而班级又是学校的一分子。所以，爱班级，爱学校，遵守班级纪律、学校制度，是我们每个学生的责任。

下课铃响起，同学们一个个井然有序地从教室里走出来，不拥挤不打闹，上下楼梯靠右行，偶尔会有"对不起""没关系""不好意思"的声音传来。操场上，同学们都在愉快地玩耍，蹦蹦跳跳，有说有笑，不知道从哪里飞来一个塑料袋。一个男同学看见了，马上捡起塑料袋，扔进了垃圾箱里……

爱护班级、爱护校园是我们每个学生的责任，要从我们身边的小事做起。比如，不随手扔垃圾，不在课桌上乱写乱画，注意个人卫生，爱护学校公共财物。我们要为建设美丽的班级和校园环境而努力。

校园需要规范的礼仪

1.保持校园的干净整洁。校园是我家，人人爱护它，保持校园卫生是中小学生的责任。我们应该做到不随地吐痰、不随便扔垃圾、不乱扔纸屑，打扫卫生时认真打扫，爱护花草树木，不践踏草坪，不随便乱放自行车，自觉放到指定停车点，并摆放整齐。

2.注意仪容仪表。讲究个人卫生是仪容美的基本前提，是礼仪最基本的要求。就算服饰再华丽，如果满脸污垢、身上有异味，给人的感觉依然是邋遢、不讲卫生。因此，每个人都应该养成勤洗手、勤洗脸、勤洗澡、勤洗脚、勤剪指甲、勤换衣服的好习惯。在穿着上，学生应该做到穿着朴素、简单大方，不化妆，不戴首饰，不染发，不烫发。

3.要尊重别人，与人相处和善。在与人交往的过程中，每个人都是独立的个体，都希望得到对方的尊重与理解。尊重就像润滑剂，可以减少彼此之间的摩擦。当出现矛盾的时候，首先要冷静，反思自己的行为，其次互相理解，宽容待人，要有一颗包容的心；在学校还要培养集体协作精神，这样才能使同学之间更团结友爱，增加同学之间的友谊；要会主动帮助需要我们帮助的弱势群体，而不是恃强凌弱，仗势欺人。拥有一颗美好纯洁的心，在你的行为举止间也会显露出来。所以，要用一颗真诚善良的心去对待周围的一切，养成自尊、自爱，懂得尊重、理解别人的人格。

班级要遵守的礼仪

1.自觉保持教室卫生干净整洁，不在教室里追逐打闹。

2.不在黑板、墙壁上乱涂、乱画、乱写，不在课桌上乱刻。

3.课前：做好上课准备，值日生要及时擦黑板，注意讲桌的干净整洁。

4.上课：上课铃声一响起，学生应保持安静，端坐在教室，恭候老师上课。待老师进入教室时，听班长或副班长的口令向老师致

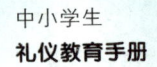
敬，老师答礼之后方可安静坐下。学生应该准时进教室上课，如果有其他特殊情况可能会迟到，应先向老师说明情况。

5.听讲：在上课过程中，我们应该集中精神，认真听老师讲课，独立思考，认真做笔记，遇到没听明白的问题，应先做好标记，课下再向老师请教或者请教其他同学。如果老师提问题，应该先举手，等老师点到自己名字的时候，再站起来回答。回答问题时，要立正，态度认真，落落大方，说话清晰、响亮，别人发言时要认真听讲，不说悄悄话，不打断别人的发言，如有需要补充的，应举手示意，老师同意之后再站起来回答。

6.下课：听到下课铃声响起时，老师还没宣布下课，学生们不要急着收拾课本或者弄出很响的声音，这是对老师的尊重。学生应当安静听课，等到老师说下课的时候，全体学生仍需要起立，说道"老师，辛苦了""再见"，待老师离开教室，学生才能离开。

003
课间活动要遵守的礼仪

课间活动是中小学生放松、活动筋骨的时间，所以我们要好好利用这个自由时间，充分做到放松自己，但是在这个时间段，也容易出现各种各样的问题。所以，有很多礼仪需要我们去学习和遵守，让我们一起打造一个文明校园。

有研究显示，中小学生在课堂上承受着较大的压力，如果没有课间活动时间，就会变得烦躁不安，出现逆反心理，甚至会产生厌学心理。因此，充分利用课间活动放松心情，对中小学生有很重要的意义。在课间活动期间，更需要注意的就是安全问题，如果不遵守礼仪，经常会有安全隐患发生。

某校八年级的两名学生，在课间玩闹、嬉戏，同学A在与同学B

追逐打闹的过程中，推了一下同学B，导致同学B撞到了楼梯的栏杆上，同学B的头上被撞了一个大口子，血马上流了出来，同学们见状赶忙去找班主任，班主任立刻带同学B去医院就医。

课间打闹的同学们不仅不能好好休息，还会给自己或者同学造成麻烦甚至是伤害。因此，在课间懂礼仪、守规矩对中小学生是必不可少的。

课间礼仪知多少

1.课间活动时间短，学生多，走出教室时不要拥挤，按秩序一个一个地走，这是课间活动的第一要求。

2.自己的个人问题要迅速解决好，如喝水、上厕所等。

3.上下楼梯要靠右侧通行，相互礼让；在楼梯或者楼道内不准追逐打闹嬉戏，以免受到伤害；不大呼小叫，以免影响其他班级的同学；不做任何危险的事情和游戏。

4.值日生要做到及时擦黑板，保持讲桌、讲台的干净整洁。

5.课间活动期间可以极目远眺，放松眼睛，做有益于放松大脑的游戏。

6.与老师、同学相处时要用礼貌用语，互相尊重，不能随便给同学起侮辱性的外号，不要对同学或老师指手画脚。

不遵守课间纪律会带来哪些伤害

课间活动是自发的、多人之间进行的活动，避免不了身体上的接触，如果不遵守纪律，最容易发生的伤害有以下几种。

1.踩踏事故。课间十分钟，在教室门口、楼梯口、楼道很容易聚集大量学生，再加上同学们安全意识差，一旦有同学摔倒，就容易发生踩踏事故，甚至伤害学生生命。

2.追逐伤害。中小学生精力旺盛，经常会你追我赶满教学楼地跑，尤其是男同学，不管多大的事儿，二话不说就开始跑。跑在前面的同学会时不时地向后看，这样更容易造成伤害，如果手里还拿着什么东西，危险系数就更高了。

3.游戏中受伤。在游戏中受伤的，要么是游戏本身具有危险性，要么就是游戏场所存在安全隐患。比如，下雪天，外面很滑，同学们却都想出去滑雪、堆雪人、打雪仗等。一个不小心，很有可能会造成严重的伤害。

如何防止安全问题的发生

1.不要拥挤。在教室门口、楼梯口、楼道这些容易聚集大量学生的地方，要遵守礼仪，不要催促，不要推搡，要遵守秩序。

2.不能追逐打闹。不管是在教室里、教学楼里，还是在校园里，都不能追逐打闹，尤其手里拿着扫帚、拖把等物品的时候，更不能追逐打闹，以免伤到自己或撞到其他同学。

3.进行安全的活动。可以参加学校举办的一些课外活动，比如打羽毛球、乒乓球，跳绳，下棋等。

004
进出老师办公室要清楚的礼仪

　　办公室是老师工作、休息的地方，不随便进出老师办公室是学生最基本的礼仪。在学校，老师是我们的良师益友，懂礼貌、尊敬师长是我们每个学生都必须做到的。

　　尊师重道一直是中华民族的传统美德。中小学生进出老师办公室的礼仪，主要是让同学们学会尊重老师，懂得尊师重道的道理，培养中小学生的高尚思想品德。

　　某校曾发生这样一件事情：一名六年级的女学生看老师办公室没有人，便趁机偷偷进去拿了老师的许多物品和钱财。随后学校展开了调查，不久就发现了是这名女学生所为。学校表示对这种行为不能姑息，给这名女学生记大过纪律处分。

　　办公室是老师们的私人场所，同学们不应该擅自出入老师的办公室。接下来就让我们了解一下我们需要注意的一些问题。

为什么不能随便翻老师东西

　　老师是我们应该尊敬和爱戴的长者，办公桌上的任意一件物品，都是老师的私有物品，我们更没有权利去翻老师的东西。老师会在办公桌上放很多东西，如教科书、备课书、考试卷、老师的财物。老师找不到自己需要的东西，就会影响教学。乱翻那些没启用的试卷或者还没公开的学生成绩等，就相当于泄密，会给老师带来不好的影响。

进办公室应该注意的礼仪

　　在学习生活中，我们除了在课堂上与老师交流，有时还会因为一些事情而进入老师的办公室，怎样才能以讲文明、懂礼貌的形象与老师相处，是每个学生都应该思考的问题。进办公室有哪些礼仪呢？

首先，要衣着得体。学生穿着应该朴素大方，干净整洁。不能穿背心、短裤、拖鞋等。其次，要注意行为举止。进办公室前要先打"报告"，或者先敲门，得到老师的同意后方可进入。进去之后应先向老师问好，微笑点头致意，向要找的老师跟前走去时不要左右摇晃，与老师接递东西时要用双手，到老师面前再开始说话，声音不要过大，以免影响其他老师工作。另外，如果老师正在与别人交流或在办事，不应该打断，而应恭敬地站在一边，等老师空闲下来再找老师。

与老师交谈时要注意的礼仪

当我们进入老师办公室时，应怎样与老师保持良好的沟通交流呢？我们需要注意以下几点。

1.与老师交流时，不管是坐着还是站着，都应该端正姿势，端正态度，洗耳恭听，眼神不能飘忽不定。

2.老师在讲话时不要打断，如果有不明白的地方，等老师讲完之后再提出自己的问题，请教老师的时候态度要谦逊而诚恳。

3.要注意时间的控制。在与老师交谈时，自己要把握好时间的长短，在办公室逗留时间太长的话，不仅会耽误老师的工作，还会影响其他老师。控制好时间也是对老师的一种关心。

离开办公室时应注意的礼仪

1.如果是课下去办公室向老师请教问题，待老师解答完毕，自己已经听明白的情况下，应当向老师表示感谢。注意态度要谦逊。离开的时候要跟老师说"再见"，千万不能问题解决后就马上跑出办公室。

2.如果老师找学生谈心，在结束谈话时要向老师说明自己的想法，比如"理解了"或者"想通了"，得到老师的同意后再按照第一条方法离开。

3.如果是向老师请教问题，还没讲完已经响起上课铃，这时候应该与老师约好下次请教问题的时间，然后按照第一条方法离开办公室。

005
师生之间和谐相处的礼仪

师生关系是在教育教学中形成的相互关系，是教师与学生为了实现教育目标，以各自的身份通过教与学的交流方式形成的一种关系体系。良好的师生关系氛围，不仅有助于顺利完成教学任务，也能体现出教育教学的价值。

理想的师生关系，是相互尊重，彼此爱护，彼此关心，是在爱的基础上建立的关系。老师和学生虽存在长幼之分，但不是上级与下级的关系，也不是相互利用的关系。营造良好的师生关系，对学生学习、老师授课都有很大的帮助。因此，老师和学生之间的交往，双方都应该付出努力。

宋朝，有一对学富五车的兄弟——程颢、程颐。进士杨时为了丰富自己的学问，放弃了高官厚禄，来到河南颍昌拜程颢为师，虚心求教。后来程颢去世，这时杨时已经40多岁了，但他仍坚持求学，刻苦钻研。于是，他和朋友游酢去洛阳拜程颐为师。当他们到程颐家门前的时候，得知程颐正好在家睡觉。

杨时是一个非常有礼貌的人，即使很渴望见到老师，也认为不应该在老师休息的时候去打扰，于是和朋友在外面安安静静地站着，等待老师醒来。过了一会儿，天空飘起了鹅毛大雪。雪越下越大，天气越来越冷，老师还是没有醒来。等到程颐醒来的时候，见杨时、游酢都成雪人了，大吃一惊，说道："你们两位还在这儿啊！"这时候外面的积雪已经有一尺多厚，杨时和游酢都没有不耐烦。后来人们就用"程门立雪"来比喻尊敬老师，诚恳求学。

中小学生要继承尊师的传统，做一个有礼貌、有纪律、有道德的好学生。

学生应怎样与老师相处

1.尊敬老师，尊重老师的劳动。老师在教学过程中，将知识毫无保留，不求回报地传授给学生，如果说想要得到回报的话，也是希望学生们成才，能够在知识的高峰上越攀越高。学生要尊敬老师，见到老师要主动问好，上课认真听讲，认真做笔记，遵守课堂纪律，老师布置的作业都要按时完成。尊敬老师，尊重老师的劳动，是每个学生最基本的礼仪。

2.勤学好问，虚心求教。不管是从学历、经历、阅历还是年龄上来讲，老师肯定是高于学生的。学生要向老师虚心请教。勤学好问不仅能使学生在学习上有所收获，还能增加学生与老师之间的沟通交流，拉近学生与老师之间的距离。

3.对于老师出现的失误，学生应持正确的态度，委婉地提出意见。心理学家曾表明，人们会对没有缺点的人敬而远之。事实上，世界上不存在完美的人。所以当老师在授课过程中出现观点不正确或者误导学生的情况时，学生不应该当面指出老师的不对，而应找个合适的时机去跟老师探讨一下老师讲的观点是否正确。因为老师是长者，是我们应该尊敬和爱戴的对象，我们也应该照顾老师的面子。

4.知错就改，善莫大焉。有的同学知道自己做错了事，被老师批评，却死活不承认，心里暗自与老师较劲；有的同学受过老师批评之后就害怕老师，感觉老师一直记着自己的错误，对自己有成见。其实这些担心都是不必要的，只要知错就改，勇于向老师承认错误，在老师心里大家都是好学生，都是一样的。与老师融洽相处，不仅能使我们在学习上得到提升，还能使老师为我们的人生之路加以指点，教会我们更多做人的道理，使我们一生受益匪浅。

5.关心、爱护老师。老师是蜡烛，燃烧了自己，照亮了别人。每个学生都应积极配合和帮助老师处理事务。给予老师更多的关心和照顾，比如照顾老师坐着上课、帮老师拿教材等。

老师应该怎样与学生相处

教师是培养栋梁之材的引路人，是铸造灵魂的工程师。他们不仅向学生传授科学文化知识，更担任了培养他们正确的人生观和价值观的重任。那么，老师应该怎样与学生相处呢？

1.贴近学生的心灵。老师应与学生建立"朋友式"的师生关系，在朋友的基础上，言传身教，与学生之间做到零距离相处。这样，学生才会更容易向老师敞开心扉，坦诚相待。不管是学习还是生活，老师都要尽可能地帮助学生，彼此信任。

2.平等、民主地对待学生。当老师新接一个班级的时候，首先要播种民主、平等的种子，才能萌发出幼芽。在与学生相处的时候，老师应当破除"师道尊严"的观念，放下架子，不给学生压力，消除他们的胆怯心理，让他们感受到尊重。

3.多与学生沟通交流。在教学过程中，老师作为长者，应该主

动关心学生，提高学生的主观能动性与学习兴趣，对学生提出的问题都能耐心、认真地回答。与学生交流的过程中，要言而有信，不说大话，严格兑现说出口的承诺，与学生在感情上能够产生共鸣。这样与学生相处就会越来越自然。

4.用真情实意与学生相处。在人与人相处的过程中，真心是难能可贵的。当彼此信任时，就会慢慢培养出默契，对开展教学任务也更有帮助，学生们也会更加积极地配合老师，完成作业，对老师也会更加友好。

006
同学之间相处的礼仪

现实生活中，一个人能够建立良好的人际关系，与他的文化素养、生活背景、性格习惯等都有不可分割的关系。中小学生在生活和学习中与人合不来，先要反思自己，自我调节并改变。

同学之间的情谊是最纯真、没有掺杂任何利益的一种感情，但是我们应该怎样去培养同学之间的感情呢？接下来先让我们来看一则小故事。

2012年5月6日，某中学学生刘军在楼梯间与同学玩闹，一不小心撞到正在走路的廖小勇。廖小勇怒火冲天，狠狠地对着刘军踹了一脚，刘军直接从楼梯上摔下来，头部撞到墙上，结果被医院确诊为脑震荡。

通过上面的故事，我们应该思考，同学之间相处时应注意些什么？造成同学之间发生矛盾的原因是什么呢？遇到矛盾时，我们应该怎么解决呢？

同学之间相处应注意的事项

1.注意团结。大家都生活在同一个班集体，自己的一言一行，都应该从团结同学这一点出发。

2.诚实守信。和同学在相处过程中，一定要做到言行一致，说到做到，不夸张，不吹牛，实事求是。

3.说话时要注意分寸。即使再要好的同学，也要注意什么该说，什么不该说，要管住自己的嘴巴。

4.借东西要及时归还。经常在一起避免不了借东西，当我们借东西时必须先跟同学说一声，得到许可之后再用；用完之后及时归还，所谓"好借好还，再借不难"。

5.见面时要打招呼。不管是在校内还是在校外，见到同学都要热情、诚恳地打招呼。我们可以通过点头、微笑、招手、问好等方式打招呼，切忌装作没看见那样擦肩而过。

6.要乐于助人。乐于助人是中华民族的传统美德，当同学遇到困难时，要尽自己的力量去帮助同学渡过难关，如果自己帮不上什么忙，也要给予同学安慰和鼓励，不要视而不见。

7.要相互理解，懂得包容。对同一件事情，每个人都有自己的看法，要允许与自己完全不同的想法的存在，遇到矛盾时要先换位思考。

同学之间产生矛盾的原因

1.自傲或自卑。每个人都是平等的，理应得到相应的尊重，自傲或者自卑在某种程度上都会影响同学之间的正常交往。

2.背地里说长道短。同学之间应该谨言慎行，如果经常对别人说三道四，不仅会影响同学之间的情谊，还会对被议论的同学造成伤害。

3.说话语气、态度不好，说话内容伤人。俗话说"良言一句三冬暖，恶语伤人六月寒"，平时与同学交流时要多注意自己的说话

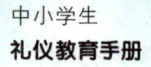
方式，注意文明用语。

4.待人不真诚。人与人之间的相处，最重要的就是真诚，因为没有人会愿意与一个虚伪的人交往或者做朋友。

如何正确处理同学之间的矛盾

1.要学会忍让。在与同学相处的过程中，产生矛盾是在所难免的。面对矛盾的时候，我们不能冲动，要先冷静，换位思考，用宽容的态度去理解对方。

2.寻求老师的帮助。当我们遇到不能解决的矛盾时，要主动去找老师帮助，在老师的帮助下解决问题。

3.寻求家长的帮助。在产生矛盾的时候，如果自己不能用正确的方式处理好，就可能使矛盾进一步恶化。因此，对于难以解决的问题，我们可以将自己的想法告诉家长，让家长出面帮忙处理。

007
学校庆典仪式要注意的礼仪

典礼是我们日常生活中经常能够看到的仪式，这种仪式通常能够给人留下深刻的印象。典礼大多数情况下能让人感受到一种庄重、严肃的氛围，使每个人从心里重视这种仪式。学校也会举办各种各样的典礼，你知道在学校庆典仪式上需要注意哪些礼仪吗？

在新学期开始的时候，各个学校都会举办开学典礼，隆重迎接新学期的到来。学生毕业的时候，学校同样会举行毕业典礼，庆祝同学们顺利毕业，这是对他们在这段学习生活中的努力的嘉奖，也是对他们走向人生下一阶段的美好祝愿。

因此，遵守仪式典礼礼仪，了解仪式典礼流程和它们的意义对我们来说越来越重要。

学校举行开学、毕业典礼的意义

开学典礼从本质上来讲是一种礼仪文化，现在开学典礼越来越普遍，也就意味着人们对礼仪文化的重视程度越来越高。新学期的开始，对我们来说是一个新的起点，学校在开学典礼上引导我们对上一学期的成绩做总结，提醒我们从假期的休息状态调整过来，准备迎接下一学期的挑战。

现在越来越多的学校意识到开学典礼的重要性，与以往的典礼仪式不同，现在多是设计贴近学校教学理念的、体现学校办学主题的开学典礼。现在全国许多学校为了突出体现自己特色的教学理念，纷纷在开学典礼上下功夫。例如：北京某所小学的教学理念是"定心慧行，喜阅人生"。每学期都会策划有关读书的开学典礼，也会分享假期的读书心得。试想，每个学生在这种书香熏染的环境中长大，他们的精神世界将会多么丰富多彩。

毕业典礼象征一段学习生活的结束，没有毕业典礼的学习生涯是不完整的。我们在学校学习生活，早就把学校当成自己的第二个家，和同学、老师都有了深厚的感情。这份感情不会随着我们的毕业而画上句号，而会进一步升华，在以后的人生之路上给我们带来温暖。毕业典礼不仅告诉我们这一阶段的学习生活已经结束，更重要的是表达了我们对未来的期许，帮助我们树立正确的价值观。

开学、毕业典礼的基本流程

通常情况下，学校开学典礼都是在开学的第一个星期内举行，毕业典礼通常在离开学校的前一段时间举行。一般情况下，参加典礼的有全体师生和领导，基本流程如下。

1.开学典礼：宣布典礼仪式开始，全体起立、升国旗、唱国歌；国旗下宣誓；校长致辞；教师代表致辞；学生代表发言；表彰仪式。

2.毕业典礼：宣布典礼仪式开始，全体起立、升国旗、唱国歌；校长发言；教师代表发言；优秀毕业生代表发言；颁发毕业证书；做最后总结。

以上是典礼仪式的基本流程，各学校也会添加有自己学校特色的典礼节目，以凸显其教学理念。

开学、毕业典礼及其他典礼的注意事项

1.当举行开学典礼、毕业典礼或其他典礼的时候，通常都是以班级为单位集合，集合时要快速、整齐地排列好队伍，不要拖拖拉拉、吵吵闹闹。

2.进入会场后要保持安静，不要随意走动，不要带与典礼无关的东西，坐姿要端正，禁止东倒西歪。在举行仪式期间，没有特殊原因，不能迟到或早退。台上有领导或学生在发言时，要认真听讲，不要交头接耳或者做其他无关的事情，适时鼓掌，不要瞎起哄、大喊大叫。

3.如果需要上台领奖、发言，要按照指定的路线走向台上，走路要端正、稳重；接受奖品、证书时要用双手，面带微笑，并鞠躬说"谢谢"。领奖后，要对台下同学们鞠躬致谢；下台时要按照指定的方向下去，走路要端正、稳重。无论任何人，在典礼仪式上都要遵守纪律，相互监督，保持现场卫生干净。

第四章

家庭生活讲礼仪，
让家变得有礼有爱

　　家，是幸福的代名词，是当你疲惫时抚慰心灵的良药；是当你遇到困难时，能够暂时休息的避风港；是当你勇往直前时保护你的盾牌。家，给予我们心灵的慰藉，是我们最有力的后盾。在家里虽然可以无拘无束，但是也需要遵守一些基本的礼仪。

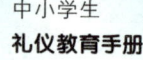
001
家庭生活中要尊老爱老

尊敬老人是优良的传统美德。有句古话说得好：人生在世，孝字当先。随着社会步入高龄化趋势，我们更应该敬老爱老。因为老年人不管是在阅历方面，还是在经验方面都比我们更丰富，对社会做出的贡献也更多。因此，中小学生要尊敬老人。

事实上，一个国家的文明程度和社会风气体现在对待老人的态度上，越尊敬老人，就说明这个国家的文明程度越高，社会发展越好。

尊老爱老是中华民族的传统美德，中小学生应该认真照顾身边的老人，做个尊敬老人、孝敬父母的好学生。

如何尊敬老人

1.说敬语。中小学生见到老年人应该称呼其爷爷、奶奶，并主动打招呼，如"李爷爷早啊""张奶奶身体还好吗"；现在有很多年轻人不尊敬老人，有时直接叫老头儿或老太婆，这是对老人没有礼貌的表现。

2.要从内心尊敬老人。例如：在公交车、地铁上主动给老人让座，上车或下车时让老人先行，过马路时主动搀扶老人，主动帮助老人提东西，等等。

3.虚心向老人学习。老年人比我们经历的事情要多得多，因此他们的人生经验要更丰富，做事的方法要更妥帖，他们丰富的人生阅历、生活的哲理值得我们去了解和学习。

如何尊敬父母

父母把我们带到了这个世界，我们才有机会看到这个世界的精彩，了解一些新鲜事物，知道这个世界的美好。尊敬父母是中小学生做人最基本的道德。父母不仅给了我们生命，还用最真挚、无私的爱呵护我们长大。这样的恩情就像明灯，点亮我们前行的路，让我们不再孤单、害怕。

尊敬父母要从几个细节做起：对父母有礼貌；进门、出门要打声招呼，不要让父母担心；得到父母帮助的时候，要说"谢谢"；做错了事，要主动承认，并表示抱歉；当与父母发生争执时，等冷静下来要先向父母道歉；要体谅父母的辛苦，自己要学会生活上独立，不让父母操心；当父母批评教育自己时，要注意与父母说话时的态度，不要不耐烦。

如何做一个孝顺的孩子

1.在生活小事上帮助父母，在力所能及的范围内减轻父母的负担。作为中小学生，我们还没有能力分担父母的一些事务，所以要在一些小事上帮助父母。例如：帮父母捶背、洗脚、倒水等；当父母遇到困难时，要安慰、鼓励他们；当父母生日时，对父母说声"生日快乐"；等等。

2.理解父母。很多学生会忽略父母的感受，觉得父母做的一切都是理所应当的。一旦父母做的事情不顺自己的心意，就会脾气暴躁、出现逆反心理，跟父母对着干。父母的唠叨和阻止都是源于爱，父母对我们的爱都是无私的，所以我们要理解父母的关心，用心去体谅父母，处处为父母考虑，理解父母对我们的殷切希望。

3.怀有一颗感恩的心。儿童教育专家郭建国教授曾说："感恩之心是一种美好的感情，没有一颗感恩的心，孩子永远不能真正懂得孝敬父母、理解帮助他的人，更不会主动地帮助别人。"所以，我们从小要学会感恩，感恩我们遇到的一切，尤其感恩父母对我们的爱。我们要深刻地意识到，感恩不仅是我们情感的表达，更是一种高尚的品质。

002
拜访要注意的礼仪常识

探亲、访友是我们日常生活中常见的交往方式，拜访亲戚、朋友不仅可以联络、增进感情，还可以交换、传递信息。拜访亲友大部分是在家里进行的，这就减少了在公共场合时产生的紧张气氛。

拜访亲友时我们要注意自己的言行举止，注意一些小细节，否则可能会给主人留下不好的印象。

某学生在大学毕业后，到英国牛津大学继续学习深造。他的导师非常欣赏他的勤奋和学识，两人相处一直很融洽。后来导师就将这位学生邀请到自己家做客，当老师把他带到自己书房的时候，这位学生自顾自地走到书架旁，就好像在自己家一样，随便拿出书看，随意翻阅。此后，导师就再也没有邀请过这位学生去自己家了，也再没有带他去参加各种会议和活动。

故事中的这位学生因为拜访时没有注意到礼仪，给老师留下了不好的印象，从而导致自己失去了很多学习的机会。接下来，让我们学习一下拜访亲友时的基本礼仪。

拜访亲友时的基本礼仪

1.事先预约。如果不是主人邀请的话，要提前联系受访者，询问准备拜访的时间是否合适。

2.拜访前约好具体时间。在拜访得到受访者同意的情况下，要询问具体时间，尽量避开主人吃饭和休息时间。

3.提前说明来由，让受访者有心理准备。有可能是礼节性的拜访，也有可能是有事相求。有许多拜访者事先没有向受访者说明来由，突然说有事拜托，这样会让受访者手足无措。这种情况下也不好直接拒绝，只能含糊答应，最后事情可能没有后续，受访者对我们的印象也会因此有所转变。

4.准时或提前几分钟到达。我们作为拜访者，要按约定的时间来到，不能提前太久，这样会让受访者因为还没有准备好而感到尴尬，更不能迟到，让主人等我们，这样显得很没有礼貌。

5.不要随意走动，乱翻东西。进入受访者的家中后，首先要询问是否要换鞋。进入房间后，没有主人的带领不要随意走动，也不要翻看别人的东西，以免给受访者带来困扰。

6.对受访者家里人给予问候。当我们登门拜访时，切不可只与受访者交谈，也要向受访者家里人问好，以表示礼貌。如果碰到有其他的拜访者，我们应该先告辞，再约下次拜访时间。

拜访亲友时要注意什么

1.用积极的情绪面对亲友。当我们拜访亲友时，要注意调节自己的情绪，不要让自己的负面情绪影响大家的心情。

2.打招呼时要面带笑容。遇见一些不太熟或不认识的人时，也要面带笑容、热情地与他们打招呼。

3.不要打闹。人多的时候场面会变得混乱、拥挤，主人也会忙不过来，如果随意打闹，不仅会给主人增添麻烦，还有磕伤、摔倒的风险。

4.不要冷场。如果场面太冷清，大家都会很尴尬，所以要适当地活跃气氛。

5.不要空手去拜访。走亲访友一定要带礼物，不要求有多贵重，但要表达自己的心意。

6.吃东西要注意形象。吃东西时要懂得谦让，不能大家都还没开始，自己就先动手。吃东西时不要狼吞虎咽。

掌握好告辞时机

准备告辞的时候，不要让受访者看出自己急于要走的样子，也不要在主人刚讲完一件事或说话刚结束时就提出要走，这样会让主人觉得你对他的谈话不感兴趣或者有想法，而感到尴尬。如果发现主人有急事要处理，自己应该找准时机及时结束拜访。走的时候，应恭敬地对主人说："时候不早了，我先告辞了。以后有时间可以来我家做客。"同时，要向受访者的家人礼貌地告辞。如果主人送别，应劝告主人留步并道谢。

003
招待客人的基本礼仪

"有朋自远方来，不亦乐乎？"当有朋友来家里做客时，我们应该热情招待，让朋友体会到一种宾至如归的感觉。那么，你知道如何招待客人才是合乎礼仪的吗？

日常生活交往中，如果有人来家中做客，作为家里的小主人，我们理应主动、热情地欢迎客人，让客人感觉像回到了自己家；在学校，我们应该主动帮助新同学加入班级这个大家庭。有一位教师曾回忆起她的亲身经历。

在上初二的时候，我们全家都搬到了一座新的城市，我也不得不换一所学校念书。上学第一天，我来到学校，周围的一切对我来说都非常陌生，我心里紧张、不知所措。幸运的是，第四节实验课，老师给我介绍了一个搭档。这个搭档对我说："你今天刚来，对学校的环境还不熟悉。下课后，你和我还有我的朋友一起去吃午饭吧。"听她这么一说，我心里的紧张感顿时消失了一大半，也安心了许多。简单的招呼，让我顿时觉得学校没有那么陌生了。慢慢地，我和她以及她的朋友们变成了最好的朋友。

有陌生人、客人来到后，我们简单的一句招呼，就能让来者倍感亲切，内心不再紧张，也不再那么拘谨小心。不管是提前预约还是不请自来的客人，我们都要做到让客人有一种宾至如归的感觉。在招待客人时，有许多需要我们学习的礼仪，接下来，让我们了解一下吧！

精心准备，热情相迎

待客之前，就必须做好充足的准备，在约好时间和人数之后，我们就应该开始准备迎接客人了。

1.清洁打扫。当有客人要来拜访时，我们要提前进行一次大扫除，把房间打扫得干干净净，以便能更好地招待客人，同时体现我们对客人的尊重。作为中小学生，我们应该尽力帮助长辈打扫。

2.准备物品。在客人到来之前，我们应该准备好待客所需要的物品。一般情况下，我们必备的物品有水果、点心、饮料等。如果了解对方的饮食偏好，可以准备一些客人喜欢的零食水果等。此外，我们还要准备饭菜，要尽可能地做出符合客人口味的菜肴，让客人吃得开心。

3.热情相迎。在等候的时候要专心，不要不耐烦，更不要一直低头玩手机。见面以后，要热情打招呼，如果是长辈的话，要一个一个问候，不要用一句"嘿"敷衍了事。

热情招待，亲切交谈

1.接待客人时，不要一直忙于自己的事，要周到细致地照顾客人，让客人感到舒服自在。即使对来访者不熟悉或者不认识，也不要躲在房间不出来打招呼或假装不在家，这都是极其不礼貌的行为。

2.在交谈过程中，要注意自己的言行举止，态度诚恳，不要一直看表，或者表现出一副心不在焉的样子，这样会让客人有一种被下逐客令的感觉。

3.在接待过程中，一般请客人坐"上座"，也就是最舒适的座位，相对较高的座位，靠右的座位，正对门的座位。如果来者是关系比较亲密的朋友，可以不拘小节；如果来者是长辈、领导，要注意礼节，不能太随便。

4.在招待客人时又有朋友来，应先做一下简单的介绍。如果有急事需要与一方进行交谈，应当先向另一方告知，并让其他人先招待，切记不要让客人等太久。

热情送别

当客人表示要走的时候，作为主人应当先挽留一番。如果客人执意要走，再起身送别。一般情况下，送别时要把客人送出门外或者电梯口，需要注意的是，将客人送出门外的时候不要马上转身离开，应该目送至看不到客人的时候再转身回去，不然会让客人觉得失礼。

在人际交往中，送别礼仪甚至比迎接礼仪更不容小觑，给对方留下一个好的印象，这对双方进一步交往会有很大的帮助。

004
礼尚往来对我们生活的影响

　　礼仪，大到可以兴邦治国，小到可以加深人与人之间的联系。礼仪无处不在。学礼、懂礼，可以避免许多矛盾和冲突。

　　西汉戴圣曾在《礼记·曲礼上》写道："礼尚往来。往而不来，非礼也；来而不往，亦非礼也。"其中，"礼"不仅指礼物、礼品，还指礼仪、礼貌。礼仪讲究"敬人、自律、适度、真诚"。即尊敬他人，严于律己，礼仪适度，真诚待人，将心比心。下面我们来看一个小故事。

　　在我国东北地区，有一天外面下着鹅毛大雪，图书馆人来人往，保洁阿姨就在一楼门口处放了一块垫子，方便进入图书馆的人把脚上的积雪清理干净。一个女生走到门口，在垫子上用力地踩了踩脚，然后抱歉地对保洁阿姨说："不好意思，把地弄脏了。"阿姨笑着回答说："没事儿，下雪天嘛，难免的。"不久后，一个年轻小伙子来到门口，他不仅没有清理身上的雪花，连大门都没有关上，径直走进了图书馆。保洁阿姨气愤地叫住他："嘿！你这小伙子，怎么回事，怎么把地上弄得这么脏？"

　　从上面这个小故事中可以发现，不同的态度会得到完全不同的回应。在人际交往中，礼尚往来有助于我们与人友好相处。

如何看待礼尚往来

　　礼尚往来，意思是注重礼节上的有来有往。打个比方，如果两个人在路上偶遇，一个有礼貌地打招呼，而另一个一副高傲的样子，对别人视而不见，这就是缺少礼貌，有来无往。

　　现今社会，很多人已经歪曲了礼尚往来的本来意义。例如，某对新人结婚，别人会给他们很多礼金，以凸显他们之间的关系很亲密。等别人结婚时，他们也就要以相同的礼金回礼，这样才不失礼。当然，这种做法也没有错，只是礼尚往来更注重的是双方情感的交流，而不是用金钱来衡量彼此的关系。

礼尚往来需要遵循的原则

1.相互性原则。心理学家关于人际关系的研究表明，人与人之间能够建立良好的人际关系的基础是彼此尊重，相互支持。任何人都愿意与有礼貌、喜欢自己的人相处。

2.平等原则。我们生活在这个社会大群体中，有时会遇到"势利眼"、不尊重他人的人，很少有人愿意和这样的人交往。所以，平等待人会让别人感到安全和被尊重，对建立良好的人际关系有很大的帮助。

3.交换性原则。人与人之间的交流，其实就是相互交换的过程，用来满足自己的需求，如被认可、被重视、被理解、爱与被爱等。这些也都是礼尚往来需要遵循的原则。

如何正确做到礼尚往来

1.要从各方面了解对方，例如爱好、文化习俗、生活习惯等。

2.不要送具有冒犯性的礼物，例如刀子、剪子等，这些礼物不仅具有一刀两断的含义，也会让对方感到被威胁。

3.不要送旧东西。虽然说礼物仅仅代表心意，但是也没有人会喜欢二手货。

4.不管送的礼物价值多少，都应该把带有价格的标签撕掉，否则好像是在暗示对方这件礼物的价值，这是非常没有礼貌的。

5.送礼物时，我们要考虑与对方的关系，避免送的礼物过轻或过重，让双方尴尬。

005
餐桌上要注重的礼仪

中国美食世界闻名，同时作为文明古国的中国，一直非常重视餐桌礼仪。但是一个人的餐桌礼仪不是天生的，都是从小在家长的教育、熏陶下，潜移默化影响下形成的。

餐桌对我们来说是再熟悉不过的物品了，但对餐桌礼仪我们又了解多少、能做到多少呢？在公共场合或者正式场合，餐桌礼仪不仅会影响别人对自己的态度，也会对别人产生一定程度的影响。下面我们来看这样一则故事。

有一天，一个人在饭店里吃饭，结账时发现没有带钱，便向店老板说明，改天再送来。店老板说没有关系，还将这位客人送出了门。另一个人见状，也对店老板说自己忘带钱了，店老板不仅不同意，还抓住他的衣服要扒下来。这位客人不服气，问："为什么刚才他可以赊账，我就不行？"店老板说："人家刚才吃饭斯斯文文的，吃罢还用手绢擦嘴，一看就是有德行的人，怎么会赖我钱？你呢？吃饭狼吞虎咽，坐没坐相，喝酒端起酒壶就往嘴里灌，吃完用袖子一抹，一看就是吃了上顿没下顿的无赖之徒，岂能放你走？"这个人哑口无言，只能留下外衣，匆忙而去。

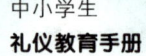

　　从上面的故事我们可以看出，老板对两个人的态度差别很大，主要是因为两个人的用餐行为截然不同。一日三餐，我们离不开餐桌，更不能忽视餐桌礼仪。所以，让我们一起来学习一下餐桌上都有哪些需要注意的礼仪，以及怎样提高餐桌礼仪水平。

餐桌上需要注意的礼仪

　　1.如果用餐时有长辈在场，应该等长辈先动碗筷用餐，或者是长辈说"大家一起吃吧"后再动碗筷，千万记住不要抢在长辈的前面用餐。

　　2.用碗吃饭时，要把碗端起来，大拇指扣住碗口，食指、中指、无名指扣住碗底，手心空着。不端碗而直接伏在桌子上吃，不仅吃相难看，而且对胃也不好。

　　3.夹菜时要注意，应夹靠近自己一边的菜，不要从盘子中间夹起或者在盘子里翻来挑去。一次夹菜不宜夹太多，如果遇到自己特别喜欢吃的菜，也不要狼吞虎咽，更不能将那盘菜占为己有，要顾及同桌吃饭人的感受。

　　4.用餐时动作要文雅一些。不要碰到邻座，不要站起来夹菜，夹菜时尽量不要把盘子里的菜掉到桌子上，不要把菜汤滴到桌子上。嘴角沾到东西时不要用舌头去舔，要用餐巾纸擦掉，在咀嚼食物时不要发出声音，等嘴里没有东西时再与别人交谈。

　　5.在吃饭时如需添饭，尽量自己添饭，并主动给长辈添饭、夹菜。如果长辈给自己添饭、夹菜，应该表示感谢。

　　6.吃饭时要注意力集中，不要边吃饭边看电视或者玩手机或做其他的事情，这是不好的习惯，还会影响视力。

　　7.吃饭时要闭嘴咀嚼，细嚼慢咽。这不仅是餐桌礼仪，还有助于消化。不要将嘴张得很大，也不要狼吞虎咽。

如何提高餐饮礼仪水平

1.自觉学习餐桌礼仪

作为中小学生，我们应该自觉学习餐饮礼仪，并自我监督。知礼行礼不仅需要有较高的思想文化素养，还要学习基本的餐饮礼仪知识，掌握基本的餐饮礼仪的规范要求。我们可以多了解一些各个地区的礼节、礼貌方面的知识，多学习、实践，时间久了，我们自然而然就能提高自己的餐饮礼仪水平。

2.躬行实践

"纸上得来终觉浅，绝知此事要躬行。"我们不仅要不断学习有关餐饮礼仪方面的知识，还要不断实践，逐渐养成良好的餐饮礼仪习惯。提高餐饮礼仪水平的过程，就是提高自己整体素质的过程，只有不断坚持，才能达到理想的境界。

006
探望病人的基本礼仪

生病是我们每个人都不可避免的，而探望生病的亲朋好友，也是我们生活中的一种礼节。但是，在兼顾人情之外，我们也要注意不能干扰病人的情绪，要给予他们心理安慰。

探访是一门学问，探望病人同样需要注重礼仪。在生活中，当有朋友、亲人、同事生病时，去探望是人之常情，也是一种礼节。如果探访时不注意一些礼节，可能还会影响病人的健康。下面我们来看这样一个故事。

有一位患乳腺癌的病人，在刚做完手术的第二天，有许多同事过来看她。大家在病房里七嘴八舌地说个不停，惹得病人一直掉眼泪。因为他们到的时间已经快到中午了，所以病人的丈夫带着他们去吃饭，只留下病人一人在房间。病人刚刚做完手术，还不能下床活动，想上厕所又不好意思麻烦陌生的病友，急得眼泪都要出来了。

探望病人时，我们要注意探望病人的一些基本礼仪，学习安慰病人的一些技巧，这能让病人感受到大家对他（她）的关心，还有助于病人恢复健康。那么，在探望病人时我们要注意的基本礼仪和事项有哪些呢？

探望病人的基本礼仪

1.遵守院规。医院对探望病人都有时间规定，我们去探望病人时要先了解医院的时间规定，以免影响医院的正常工作，打扰病人休息。

2.举止得当。人在生病的时候，情绪一般都会比较低落，内心也比较敏感。因此，在进入病房时我们要注意自己的行为举止，不要让病人感到压力。我们说话语气要和平时一样，尽快找把椅子挨着床边坐下，这样会让病人觉得很亲切，获得心理上的安慰。

3.在与病人聊天期间，一定不要说出让病人有所猜忌的话。要有分寸地鼓励病人，不要说让病人伤心或伤病人自尊的话。

4.探望病人的时候要买些礼物，表示自己的心意。比如，水果、鲜花、书籍等。

探望病人要注意的事项

1.在决定去探望病人的时候，我们应该先对病人的基本情况有所了解。例如：病人得的是什么病，现阶段病情如何，病人情绪怎么样，现在去探望是否会对病人有所影响，等等。然后了解医院规定的探望时间，避开病人休息时间。

2.注意预防传染病。如果探望的病人患有传染性的疾病，我们要避免接触病人的用具、衣服等，不要带小孩去医院。

3.探望病人在挑选礼物时也有讲究。送水果是首选，因为水果营养丰富，大部分病人可以食用。如果比较了解病人，我们也可以根据病人的口味购买其他食品。买束鲜花也不错，因为鲜花代表着吉祥、幸福、美好，同时能表达对病人的美好祝愿，更是给病房增添了一丝生气。当然，这一定是以病人对花粉不过敏为前提的。

4.探访病人时不要表现得过于焦虑，应流露出自然、轻松的神情；见到治疗病人的医疗器械也不要表现出惊讶的神情，否则会给病人造成压力。另外，不要向病人介绍一些民间偏方，更不能推荐没有经过临床试验的药物。要多鼓励、安慰病人，不要让病人过于担心。

掌握好结束时间

在探望病人的时候，我们要注意探望的时间。为病人的健康考虑，我们不宜在病房待太久，一般以十五分钟为最佳。时间太长的话，会影响病人的休息。

当我们起身告辞的时候，要叮嘱病人好好养病，问一下病人有没有需要帮忙的，并表示还会过来看望。如果病情很严重，则不需要说太多的话，只是来看望一下，给予病人心理安慰和鼓励，并向病人家属致意。走之前可与亲属在病房外面交流，不要打扰病人。

007
家庭成员之间要遵守的礼仪

家庭礼仪是以血缘关系为基础，以沟通思想、联络感情而慢慢形成的约定俗成的行为准则。我们经常会说"家和万事兴"，可见"和"对家庭的重要性。为了建设和睦、有凝聚力的家庭，我们应该学习和掌握家庭礼仪。

中国作为礼仪之邦，有许多关于家庭礼仪的历史故事，深深影响着一代又一代的华夏儿女，故事中那些知礼懂礼的主角是我们学习的好榜样。下面我们一起了解孔融让梨和黄香温席的故事。

孔融是东汉末年著名的文学家，他小时候不仅聪明，还非常注重兄弟之间的礼仪。孔融4岁时，父亲发现他和哥哥一起吃梨时，他总是先拿最小的那一个。父亲疑惑地问："你为什么不拿最大的梨呢？"孔融说："我是弟弟，我年龄小，应该吃小的。哥哥比我大，所以我将大的梨子让给他吃。"

黄香是东汉时期的官员，9岁时，他就懂得孝顺父母了。每年到夏天的时候，他对着父母的帐子扇扇子，好让枕头和凉席凉下来，同时赶走蚊子和小虫子，让父母睡觉时更舒服；冬天的时候，他就用自己的身体帮父母暖被子，好让父母睡觉时不那么寒冷。

通过上面这两个小故事，我们是否会反思自己是如何与父母长辈、兄弟姐妹相处的？那么，在现代社会，我们应该怎样与家庭成员相处呢？

什么是家庭

家庭是建立在婚姻和血缘关系基础上的共同生活的小型群体，是一种适应时代发展的社会生活组织形式。

家庭是社会的基本组成单位，是社会生活的基础，更是社会生活必不可少的组成元素。社会的政治、经济、文化等制约、渗透、影响着每个家庭的存在和发展，所以家庭是社会的缩影。家庭为社会提供生活的基本环境，家庭的和睦稳定，对促进社会生活的发展和稳定有着积极作用。

家庭具有生产、消费、抚育和赡养、教育等社会功能。在这里，我们主要讲一讲抚育和赡养的功能，抚育和赡养是社会其他组织形式无法替代的，作为家庭中的一员，我们有责任和义务抚养子女和赡养老人。

我们生活在社会主义社会中，它为我们建立平等、和睦、美好的社会主义新型家庭创造了良好的条件。

家庭的基本礼仪

1.如果家中有行动不便的长辈，我们应该定时去长辈房间问好，陪他们聊聊天，解解闷，但是说话声音不要太大，也可以帮他们做一些力所能及的事。

2.出门时要告知家人，以免他们担心。回来时要说"我回来了"。

3.关心父母，认真听从父母的教诲。

4.在进入别人房间之前，要轻轻敲门，听到"请进"的时候再进入他人房间，不能太唐突，更不能没有礼貌。

5.与父母长辈相处时，要和颜悦色，有耐心；作为家庭中的一分子，我们要主动做一些力所能及的事情。

6.与同辈相处时，要互相礼让，互相尊重，彼此关心、照顾。

遵守家庭礼仪的必要性

父母给了我们宝贵的生命，教会了我们如何生活。对于他们的养育之恩，子女终生难以回报。尊敬父母是天经地义的，但是有时候我们总会忽略身边最亲的人。对待陌生人或者家庭以外的人，总是会非常有礼貌；对待家人或亲近的人，却觉得没必要注重礼仪。

其实，家人之间的关系虽然亲密，但也要有最基本的礼貌。

当今社会有许多是独生子女家庭，一些独生子女在家娇生惯养，有时候缺失了对父母长辈应有的礼貌。比如，家人正在看电视，自己不喜欢，就自作主张更换频道；有的孩子在家也不喊爸爸妈妈、爷爷奶奶，而是"喂，喂"地叫；自己能做的事，也要让家人来帮自己做；等等。

长辈不会跟孩子计较这些，但是时间久了，对长辈也会造成一种无形的伤害，影响他们的情绪，甚至影响彼此之间的感情。长此以往，难免会产生家庭矛盾。如果我们每个人都能做到相互理解，相互体谅，宽容对待彼此，那么家庭生活一定会和睦美满，充满欢声笑语。

第五章

公共场所守礼仪，让社会变得更有序

　　作为中国的公民，维护社会秩序，遵守公共礼仪是我们每个人的义务。在社会交往中，遵守公共场所的礼仪，有助于建立和谐的社会关系，使人们生活的社会秩序更加良好。

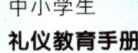
001
行走过程中需要注意的事项

衣食住行中的"行"指的是外出走路、乘车等。作为中小学生，我们去学校或者跟父母一起出行，也都离不开"行"。在我们认为再平常不过的走路，也有需要遵守的基本规则。

在路上行走时，不仅会遇到行人，还会遇到川流不息的车辆。因此，为了自己的安全，我们要遵守基本的交通规则。每年因为交通事故去世或者受伤的人数不胜数，这也警示大家要遵守交通规则。珍爱生命，从遵守基本的交通规则开始。下面我们来看这样一篇报道。

一所幼儿园的老师在带领学生过马路的时候，一个小女孩突然挣脱老师的手，自己飞快地跑向马路对面，被一辆疾驰而来的汽车撞飞。女孩倒在了鲜红的血泊中，还没等来救护车，一条鲜活的生命就离开了人世。女孩的父母哭得天昏地暗，涉事司机也为自己的疏忽而追悔莫及。

交通事故就像一个看不见的杀手，隐藏在那些喜欢违规违章的人身边。为了生命的安全，我们出行时要注意遵守交通规则，养成文明出行的好习惯。

交通常识须知

1.行人要走人行道。城市道路一般分为机动车道、非机动车道、人行道。在道路上，我们各行其道，这是常识和基本的交通规则。然而，现实生活中，有很多人不遵守交通规则，有人行道不走，偏要走非机动车道，甚至走机动车道，这样的做法不仅影响交通的顺畅，还有可能造成交通事故。

2.红灯停绿灯行。这是我们从小就会学习的最基本的交通法则。不管是车辆还是行人，都应该遵守交通规则。然而，有的人出于侥幸，在看到车辆较少时，就不管红绿灯，自顾自过马路。这种行为不仅会影响车辆的正常行驶，还容易发生交通事故，严重者则会造成伤亡。

行路的基本礼仪

1.礼让为先。当过马路时，我们都要遵守秩序，依次通过。一般的礼仪要求是：青少年给老年人让路，健康人给残疾人让路，男士给女士让路。

2.遇到熟人要主动打招呼，不要假装没看到匆匆闪过。如果遇到熟人需要交谈时，应该自觉站在路边，不要妨碍其他人行走。

3.注意卫生。行走时不要随便扔垃圾，不要随地吐痰、擤鼻涕，也不要养成边走路边吃东西的坏习惯，那样不仅不雅观，也不卫生。

4.礼貌问路。当自己问路时要使用礼貌用语，比如用"打扰了""请问"等词语开头。另外，要用恰当的词称呼对方，对方回答你之后，不管你是否满意，都应该诚恳地说声"谢谢"。

5.不要围观。街头围观是一种不文明的行为。遇到交通事故、有人打架争吵时都不要前去围观。遇到外国旅客，不要一直盯着人家看，这是不礼貌的行为。

行路时的注意事项

走路时，我们要注意自己的仪态、走路姿势等。走路的姿势能够展现一个人的精神风貌。因此，在走路过程中，我们要时刻注意自己的走路姿势。正确的走姿是：抬头挺胸，目视前方，不含胸驼背，不耷拉着脑袋，肩膀不要乱晃，不东张西望。

当身在拥挤的人群中时，难免会撞到别人或者是别人碰到自己。当碰到别人时，要主动道歉；如果别人碰到自己，不要大呼小叫、口出恶言，要有一颗宽容的心，学会体谅别人。

002
骑自行车时需要遵守的规则

自行车是最环保的交通工具之一，响应了国家低碳生活、保护环境的政策号召。近几年，越来越多的共享单车出现在我们的生活中，越来越多的人加入骑行行列。同时有很多血淋淋的事实，告诉我们遵守交通规则的重要性。

当你骑着自行车，穿梭在车水马龙的道路上时，是否会意识到交通事故就在我们身边？当你生活在这美好的世界时，是否会想到一些因为交通事故而失去继续看世界机会的人？我们要时刻警醒：遵守交通规则，珍爱生命，远离危险。

2018年3月，11岁的何某与9岁的表弟刘某，一起骑一辆自行车出行。他们在一个大下坡骑车玩耍，突然一辆汽车经过，两人惊慌失措，车把左右摇晃，这时候自行车竟不受控制地向汽车撞去。何某当场死亡，刘某经抢救无效于第二天凌晨死亡。

我们都不希望事故再次发生，但类似事故仍时有发生。目前，不少中小学生上学、放学时以骑自行车代步，所以我们一定要加强这方面的安全知识教育。

骑自行车需要知道的常识

1.未满12周岁不能在道路上骑自行车；没有刹车或者刹车失灵、没有安全保障的车不能上路；不要在非机动车道以外的车道骑车；不要在车行道上学车。

2.混行车道上要靠右行。

3.如果遇到不平坦的道路或者大陡坡时，应该下车推着走；遇到恶劣天气时，要减速慢行。

4.骑车时手中不要拿东西，两手不能离开车把；不要两人骑一辆车；骑车时不要蛇形行驶；不要并排行驶；不要相互竞技。

5.两辆车行驶时，不要并行；不要勾肩搭背；不要边说话边前进；不要相互追逐。

6.转弯时，要减速慢行，先向后看有没有车，伸手示意，不要突然转弯；超越前方自行车时，不要离前方自行车太近，速度也不宜太快，不要妨碍其他车辆正常行驶。

骑自行车的基本规则

1.骑自行车时要自觉遵守交通安全法规，按照交通信号、交通标志的指示骑行；要有礼让行人的意识，红灯不越线，黄灯不抢行；骑自行车进出有人值守的大门时，要下车推着走，这样的行为不仅是对值班人的尊重，更是为了安全着想；在市区骑车载人或者带超长、超宽的物品，属于危险行为，应该坚决杜绝。

2.在人群中骑行时，切忌用手扒拉人；要严格遵守交通法规，听从交警指挥；下车办事时，自行车要停放在指定位置，不要随意停在马路边；骑车时要眼观六路，耳听八方，时刻保持警惕；要注意交通标志，不要逆行；要停车时，不能急刹车。

骑自行车要注意的安全事项

在外骑自行车时，要注意的安全事项有以下几点。

1.骑自行车时，要先检查一下自行车是否完好，是否能够正常骑行，车闸、车铃是否存在异常。

2.自行车的鞍座要符合自己的身高，鞍座不能太低，也不能太高。

3.经过路口时，要减速慢行，必要的情况下，可以下车推着走，不要闯红灯。

4.骑车时不戴耳机、不听音乐。

5.要学习、掌握基本的交通法规。

6.雪天时，自行车的轮胎不宜充太足的气，这样可以增加与地面的摩擦力，防止滑倒。雪天骑车时要与前面的车保持较大的距离。不要急拐弯，速度要慢，拐弯的角度要大。

003
乘车需要注意的事项

在现代快节奏的生活中，乘坐车辆是必不可少的，我们经常乘坐公交车、私家车、地铁等交通工具出行，路途远时还需要乘坐飞机。这些交通工具具有快速、方便、安全等特点。

坐公交车上学、坐私家车去公园玩，对同学们来说是再普通不过的事情了。但是亲爱的同学，你知道乘车也需要遵守一些规则吗？你知道乘车的礼仪是什么吗？很多人声称自己懂礼、讲礼，但是在公交车或私家车上却暴露了自己的素质。

在公交车上，随着"汪汪"的叫声，大家都把目光投向了一个打扮精致、抱着狗的女子身上，她正把头不自然地转向窗外。这位女子身边站着一位戴眼镜的老人，老人一只手拄着拐杖，另一只手拉着扶手，颤颤巍巍，看着很吃力。可是那位抱着狗的女子假装没看见，将头扭向窗外。

荀子说过："人无礼则不生，事无礼则不成，国家无礼则不宁。"可见"礼"的重要性。不懂礼就会失礼，失礼就会让大家都难堪。那就让我们一起来学习一些乘坐公共交通工具时的礼仪常识吧！

乘坐公交车的常识

公交车在日常出行中是最常见的一种交通工具，我们需要知道的基本常识有以下几点。

1.排队候车，要等车停稳。要在指定的公交站点等车，车停稳后再上车。候车的时候要按照到达的先后顺序排队。当遇到人流量比较大的时候，不要拥挤，要有秩序地上车。乘车时前门上后门下，上车后要主动投币或刷卡。

2.上下车互相体谅、宽容。上车后应把随身携带的物品放在合适的位置，不要放在过道或者其他座位上，这样会给其他乘客带来不便。在车上应主动为老、弱、病、残、孕妇和抱小孩的乘客让座，当有人给自己让座时要说"谢谢"。

3.在车内讲究卫生，确保安全。在车内不随便扔垃圾、吐痰，不向窗外扔垃圾，不将头、手伸出窗外，不在车内嬉戏打闹。不带易燃、易爆和危险品上车，不在车未停稳时上下车。发生紧急情况时，应服从驾乘人员的安排，及时疏散。

4.不妨碍他人。雨雪天气，上车时应把雨伞收起来，把雨衣脱下叠好。到站时要提前向后门移动，要向别人说"不好意思，借过一下"等礼貌用语。不携带家禽和其他有刺激性气味的物品，不携带可能会危及他人安全的宠物。

乘坐其他机动车的常识

1.不要在机动车道上等候车辆或者招呼出租车，应该在站台或者指定地点等车，车停稳后再依次上车，不携带易燃、易爆等危险物品上车。

2.乘坐大型客车时，上车后应找好位置坐下；乘坐小型客车时，应该系好安全带；乘坐二轮摩托车必须满12周岁，戴好头盔；坐在驾驶员后面要两腿分开坐，不要侧着坐或者倒着坐。

3.在车辆行驶过程中，不要与驾驶员闲谈或者影响驾驶员正常驾驶。不要将身体任何部位伸出窗外，不要随意开启车门。

4.机动车发生故障或者交通事故须在车行道停车时，除救险外，其他人要迅速离开车辆和车行道。

乘坐火车的常识

有时我们需要长途出行，火车是最常见的一种交通工具。有关乘坐火车的常识有以下几点。

1.候车常识。在候车厅，我们应该维护室内卫生，不乱扔垃圾、不随便放行李。遇到客运高峰期时，不要一人占多个座位或者横躺在座椅上。

2.上车常识。检票时要有序排队，主动向检票员出示车票。上车后对号入座。男士应帮助妇女或上年纪的人放置好行李。

3.爱护环境。吃东西时尽量避免吃有强烈气味的食物，垃圾不要随手扔在座位底下，应自己先收好，然后等乘务人员来收，或者扔到车厢衔接处的垃圾箱。

4.举止得当。在车上时不要像在家里一样宽衣解带。不管天气多炎热，男士都不应该赤膊。休息时不要靠在其他乘客身上或者把脚搭在别人的座位上，这些行为都是不合适的。

乘坐飞机的常识

1.不要迟到。自己要提前计划好时间到机场；如果迟到的话，不仅会给机务人员造成麻烦，还会延误大家的行程。

2.乘坐飞机时不得携带易燃、易爆、放射性等危险物品，携带的液体物品也不要超出规定。

3.应该认真配合安检。每位乘客都要通过安全门，如果行李超重应该办理托运。

4.进入机舱后，要对号入座。飞机在起降时，请务必调直座椅靠背，收起小桌板，系好安全带。

5.飞机不能按原计划飞行时，比如延误、迫降、改降时不要紧张，更不要随意走动或试图打开应急舱门。

004
入住宾馆时需要注意的事项

不管是和家人外出旅行还是去参加比赛，入住宾馆不可避免。宾馆是我们暂时歇脚的地方，所以在入住宾馆时，也要遵守基本的规则，这样才能体现出自己的素养。

出去旅游时，我们会跟着爸爸妈妈一起入住宾馆。我们在宾馆房间里睡觉、洗澡、看电视，俨然将其当成了自己的家。能够在宾馆里好好地休息自然很好，需要注意的是，宾馆并不是我们的家，只有遵守基本的规则，才能避免一些不必要的麻烦。下面我们来看一个故事。

曾经有这样一位住客，当天中午要乘车回乡，便提前收拾好行李在宾馆前台办理了退房手续。他认为就算结了账，在中午12点之前房间的使用权还是他的，于是他把收拾好的行李留在了客房，没有向相关工作人员打招呼，就出去逛街了。待他回来的时候已经是一个多小时之后了，当他准备去房间取行李离开时，客房已经有新住客了，而且行李也被宾馆工作人员清走了。

因此，在入住宾馆时，我们要先知道宾馆入住须知，才不会遇到一些不必要的麻烦。那么，入住宾馆都有哪些准备事项和注意事项呢？

了解宾馆入住须知

1.办理入住手续时，要出示有效身份证件。

2.退房时间一般为中午的12点，超过退房时间6小时以内的，加收半天房费；晚上8点后退房按全天收费。

3.如果有亲友来访或者住宿，也要办理相应的入住手续。

4.为了健康和安全，请不要躺在床上抽烟，烟头要熄灭在烟灰缸里。

5.请勿在房间空调或者电线上挂衣服。

6.在房间里禁止使用电磁炉、电饭煲等大功率的电器。

7.禁止将易燃易爆品、毒品、枪支弹药和放射性危险品带进宾馆。严禁在宾馆内进行黄赌毒等犯罪活动。严禁携带宠物进入客房区域。

8.宾馆消费现金需当面点清，过后概不负责。

入住宾馆需要做的准备

1.预订宾馆。在出发前，要先在相关软件上查询目的地宾馆信息，通过比较环境、位置、价位、交通方便程度等，选择入住的宾馆。

2.准备洗护套装。虽然一般宾馆都会提供，但是也可能遇到一些不提供的旅馆。因此，在整理行李的同时可以准备一些小的、方便携带的洗护用品，避免在当地再采购的麻烦。

3.准备个人证件。在离家时，要再三检查自己是否带了身份证及其他所需证件。

4.离开宾馆时要再三确定是否有遗忘的重要物品，避免出发后引起不必要的麻烦。

5.准备简单的药品。准备一些平时急需的药品，为自己的安全出行增添一份保障。

入住宾馆需要注意的事项

1.注意周边环境。避免入住环境偏僻、鱼龙混杂、有严重安全隐患的宾馆，避免受到人身伤害。

2.注意逃生通道。一定要注意所有楼层的逃生通道，最好可以自己走几遍，能够记住逃生路线。确保发生紧急情况时，可以安全脱身。

3.注意房间检查。入住时要检查钥匙或者房卡是否能打开房间门，是否有遗留下来的问题，有无损坏的电器家具。同时要仔细检查有无隐藏的摄像头，以防隐私外泄。

4.在公共场所不要穿着随意。大厅和走廊属于宾馆的公共场所，因此，不要像在自己家一样穿着睡衣或者浴衣转来转去。

5.注意生活习惯。进入房间后，首先要打开窗户通风，保持室内空气流通，最好用自己的洗浴用品。

6.注意退房时限。一般情况下，宾馆都是中午12点之前退房，如果有特殊情况且在延长时间不长的情况下，可以与宾馆沟通。

7.一定要保管好财物。贵重物品不宜放在房间内，万一失窃，后果很严重，所以一定要交给前台保管。

8.一定要确认来客。当有人敲门时，不要轻易开门，要再三确认来客的身份，没有危险再开门。记住，当你开门后主动权就掌握在别人手上了。

9.不要戴耳塞。戴耳塞睡觉听不到外界的声音，如果发生什么突发状况，如地震、火灾等，听不到呼声，将导致延误自救时机。

005
购物过程中需要注意的事项

随着人们生活水平的提高，购物已经成为日常生活中不可或缺的活动。购物看似简单，只是付钱买东西，但是在购物过程中也关乎人们是否讲文明、懂礼貌。

虽然商家说"顾客就是上帝"，但是如果我们去商场或者超市购物时，傲慢无礼，一点儿也不注意礼貌，也很难获得商家的尊重。购物的过程很简单，但因为人们的行为举止不同，所以造成的结果也不同。下面我们来看两则富有深意的故事。

在一次课间，张猛和几个同学去校门口超市买东西。东西挑选完之后，正在排队结账，这时上课铃声响了。张猛和几个同学就有点儿着急，排在后面的同学推了一下张猛，他一个踉跄撞到了前面的阿姨。张猛并没有向阿姨道歉，便急着找后面的同学"算账"，这引起了阿姨的不满。在付账时，张猛又因为挑选的东西超出预算，将手中的一包薯片扔到旁边说："什么破薯片，真是坑人。"售货员听了心里不满，结账时就非常磨蹭。张猛和几个同学同声指责售货员，最后大家闹得都不愉快。

　　乐乐和晓晓陪着爸爸妈妈去百货商场买些纪念品。他们在看商品的时候都是轻拿轻放，放回原处。在买完东西之后，他们在一家冷饮店休息。这时乐乐和晓晓主动提出去柜台前给爸爸妈妈买冰激凌。来到柜台前，还有其他客人，他们就在一旁耐心等待。等售货员忙完后，亲切地问："小朋友，你们想要什么呀？"乐乐礼貌地说："阿姨您好，我们要草莓冰激凌和哈密瓜冰激凌。""好的，总共16元。"阿姨一边说着一边将冰激凌递给他们。"谢谢您。"乐乐和晓晓接过冰激凌，把钱递给了售货员。

　　从上面两则故事中我们可以明显地看到购物时礼貌的重要性，讲礼貌的顾客会得到购物体验的满足感和心情的喜悦。接下来让我们一起来学习购物过程中都有哪些需要注意的事项。

在商场里需要注意的事项

　　进入商场后要讲究文明，不要大声喧哗或者与同行者大声谈笑，商场地面一般都是光滑的大理石，不要相互追逐打闹，以防滑倒。不要吸烟、随地吐痰、随手扔垃圾等。不能有影响商场卫生的行为，要自觉爱护商场、商店的设施。

　　如果购物时有很多顾客，要自觉排队。对营业员要用礼貌的称呼，比如"先生""小姐"，不要用"喂"来称呼对方，也不要用手敲击柜台，这些都是不礼貌的行为。

　　在选购商品时要认真挑选，但也不能过分挑剔。如果营业员不忙，可以让营业员帮忙参谋。对于易碎商品，我们应该轻拿轻放，要有爱护商品的意识。商品如果被自己不慎毁坏，我们应该主动赔偿或者将损坏的物品买下。不要随便打开没有买下的商品包装。

　　在购物完毕时，要做到钱货两清。如果在结算时营业员有一些差错，要及时指出，并体谅对方。离开的时候要对营业员表示谢意。

　　在购物过程中，要尊重营业员的劳动，尽量不麻烦营业员，觉得东西合适就请营业员拿来，如果还没想清楚可以先向营业员咨询一下，了解清楚。呼唤营业员时，语气要平和，不要用命令的口吻。

在超市里需要注意的事项

1.进超市时，不能背包进去，如果有包或其他东西，要存到超市规定的地方。这是超市购物最基本的礼仪。

2.如果对已经挑选出来的商品不满意，要主动放回原处，不能随便丢到其他地方。对于易碎或者贵重物品要轻拿轻放。

3.在超市不要随意品尝、使用商品。

4.所有物品都要结账，不能因为贪图小便宜而私藏商品。

5.在超市如果有需要帮忙的情况，记得请教售货员，要注意使用礼貌用语，得到帮助后要说"谢谢"。

6.购物完毕要结账的时候，自觉排队不能乱插队，以免引起其他顾客的不满。

7.要记得带上环保的袋子，减少塑料袋的使用，为保护环境贡献自己的一点力量。

006
观看演出时需要注意的事项

　　观看演出能让人心情愉悦，提升艺术修养和品位。同时，我们要意识到，演出凝聚了表演者辛勤的汗水，是他们练习成果的展现。在观看演出时遵守一些规则，是对演出者的尊重。

　　在观看表演时，我们要注意一些基本的规则，不仅是对演出者的辛勤付出表示尊重和鼓励，还体现了个人素质。观看演出时遵守规则，不仅能保证演出顺利进行，也能让观看者从中收获快乐。接下来，我们看一则关于观看演出的故事。

　　2005年4月，中国斯诺克公开赛在北京海淀体育馆举行。18岁的丁俊晖的高超球技让亨得利无奈，让他更无奈的是来自观众席的闪光灯。斯诺克台球本身就是一项绅士运动，对选手和观众的礼仪都有严格要求。而在这场比赛中，虽然主持人和工作人员一直在提醒，要求观众把闪光灯关掉，但观众席却一直闪烁着闪光灯，这种现象到比赛结束都没有停止。观众想把每个精彩的瞬间都记录下来，但是这种做法却影响了运动员的发挥。

　　不管我们观看哪种类型的演出或者比赛，都要学习、掌握必要的规则，更重要的是要遵守规则。否则，可能会影响其他观众，严重的甚至会影响演出或者比赛。

礼貌入场

　　一般要提前十五分钟入场，对号入座；如果迟到了，应就近找一个空位坐下；或者在外厅等候，等中间休息的时候再入场；如果入座时打扰到别人，应表示歉意。如果戴着帽子，在入座时应摘下，不要挡住别人的视线。

　　一般去剧场看演出，迟到者应该先站在后面，等演出告一段落后再入座。从别人面前经过时，要说"谢谢"，侧着身体走时要面向让道者，不要背向人家走过去。坐下后，不要左顾右盼妨碍后排的观众观看。

看演出时，要注意自己的穿着。最好不要戴帽子，这样容易挡住后面观众的视线。不要穿着拖鞋去，在观众席上也不要脱鞋子或者袜子，以免有不好的气味。也不要在坐好以后脱换衣服。

观看演出期间需遵守的规则

1.演出开始前，应自觉把手机关机或者调成静音模式。如果观看演出时，手机铃声大作，不仅会对其他观众造成不良影响，还有可能影响表演者的演出。如果正在表演的是具有危险性动作的项目，严重的还会导致危险的后果。在观看节目时，也不要交头接耳，保持安静是最基本的礼仪。

2.观看演出时，不要随意走动。在找好自己的座位并坐下之后，不要再来回走动，因为一般观众席的座位排与排之间的间隙是很小的，如果来回走动的话，其他人还要站起来让行，不仅自己不能好好地看完演出，也会让其他观众分心，给别人添麻烦。如果真的有事，尽量在演出前办好或者演出结束之后再处理。

3.观看演出期间，禁止拍照和录像。有些观众想用照片或者录像来记录这美好的时刻，所以在演出期间就会不停地拍照或者录像，这一举动会打扰其他观众观看。有些团队不允许拍照或录像，这样做也是侵犯他人权益的做法，如果演出团队追究的话，你还会受到法律的惩罚。

4.在观看演出时，应该坐得端端正正，不要在位子上东倒西歪，或者把脚放在前排的椅背上，也不要坐在扶手上或者蹲在椅子上。在演出还没有宣布结束前，不要站起来，这样会影响后面观众观看表演。

5.适时鼓掌。在观看表演时，在恰当的时机鼓掌，不仅是对表演者的尊重，更是对他们的鼓励和肯定。不管表演如何，都不要表现冷淡。在表演过程中要谨慎鼓掌，节目表演到精彩之处可以短暂鼓掌，其他时间最好不要鼓掌，以免影响其他观众或者干扰到表演者。如果不确定什么时候该鼓掌，就试着跟着其他观众的节奏鼓掌。尤其要注意的是，如果表演者出现失误，一定不要喝倒彩、鼓倒掌，这是做观众最基本的规矩，也是对表演者的尊重。

演出结束　有序退场

当所有演出结束后，观众应该全体起立，集体鼓掌，对表演团队表示感谢。离开座位时，应该把自己制造的垃圾带走，依然保持观众席的干净整洁。等灯光打开后，应该有序离场，不要大声喧哗、横冲直撞。不要出于好奇对现场的道具随便触摸，如果想与表演者合影，应该先征得本人的同意。

第六章

与人交往重礼仪，
为自己赢得真心朋友

　　人际交往即人际沟通，是指人们通过语言、肢体、动作、表情、文字等交流手段将信息传递给他人的过程。交往礼仪是人际交往过程中的缓冲剂，能够缓解人与人之间的矛盾，有利于建立和谐的交往关系。

001
社会交往中需要注意的礼仪

在人类文明发展的过程中，人与人之间的交往是社会文明的重要体现。在现代社会中，人际关系的好坏对人生的成败也有一定影响。所以，在日常生活中，一定要注重交往礼仪。

在现代高速发展的社会，国际经济、文化交往越来越频繁，对公民的文明礼仪要求也就越来越高。在经济全球化的今天，礼仪文化也越来越趋于全球化。以前就发生过这样一则故事。

一位先生准备为外国朋友定做生日蛋糕，便来到一家酒店餐厅，对服务员说："您好，小姐，我要为一位外国朋友定做一个生日蛋糕，同时写一份贺卡，可以吗？"小姐看过订单后，说："请问先生，您这位朋友是太太还是小姐？"这位先生抓着后脑勺，因为他从来没有打听过，也不清楚这位外国朋友有没有结婚，便说："小姐还是太太？看年纪应该是太太。"

　　蛋糕做好后，服务员按照地址送了过去。敲开房门后，服务员礼貌地问："请问是怀特太太吗？"女士愣了一下，不高兴地说："不是！"服务员抬头再三确定门牌号，又向那位先生打电话确认了一下，发现并没有错。服务员一头雾水再次敲开房门说："没错啊，怀特太太，这是您的蛋糕。"女士大声说："你错了，这里只有怀特小姐，没有怀特太太。"说完"啪"的一声，把门关上了。

　　社交礼仪不仅是对别人的尊重，也能体现自己的文化修养。著名文学家歌德说过："一个人的礼貌就是一面照出他肖像的镜子。"事实就是如此，人们总是从一个人的言谈举止去评价这个人的教养如何。每个人都要养成注重礼仪的意识，才能逐渐养成文明礼仪的习惯。

如何遵守社交礼仪

　　不要随便地去称呼对方。如果对别人的称呼很得体，会让对方感觉亲切；如果称呼让对方不满意，就会让对方不高兴，甚至还会引起对方的愤怒，最后以尴尬的场面结束对话。为了能够更好地称呼对方，最好从年龄、职业、身份、交际场合等各方面来判断。

　　不要随便过问对方的身体状况。健康状况是每个人的隐私，谁都不愿意将自己的身体状况轻易告诉别人。人都有反向心理，如果对方说出来，你关心的时候，对方就会觉得你可能是在嘲笑或者同情他，会引起对方心里的不快；如果自己不关心，又会让自己很尴尬。因此，为了避免尴尬，最好不要问对方健康状况。

　　真诚尊重。苏格拉底说过："不要靠馈赠来获得一个朋友，你须贡献你诚挚的爱，学习怎样用正当的方法来赢得一个人的心。"可见真诚尊重在与人交往中是多么重要。你待人真诚，别人就会以真诚的心来对待你；你尊重别人，别人也会尊重你，这样才会营造出和谐愉快的关系。

　　平等适度。平等是人与人建立友好感情的基础，同样是保持良好关系的前提。主要表现就是在交往过程中不轻狂，不目中无人，不自以为是，不厚此薄彼，更不能以貌取人，甚至仗势欺人，而是要谦虚有度。在交往过程中，还要把握好礼仪的分寸。既要做到彬彬有礼，又不能表现得低三下四；既要热情自然，又不能过于轻浮；既要成熟老练，又不能显得世故圆滑。

自信自律。在人际交往中，拥有自信是非常难能可贵的。不管在什么情况下，只要拥有自信，就能够如鱼得水，得心应手。面对困难也能不卑不亢，勇敢面对。自信但不能自负，自律正是能够正确处理自信与自负的自我约束原则。在与人交往中，要时刻谨记并摆正自信的天平，既不能高傲自负也不必缺乏信心。

信用宽容。与人交往过程中，要言而有信，做到守时、守约等，一定不要迟到或者毁约。如果没有十足的把握，就不要轻易许诺。宽容即与人为善，不斤斤计较、求全责备。在交往中，宽容是一种较高的境界，是建立和谐人际关系的法宝。

学习社交礼仪的重要性

1.学习社交礼仪有助于建立良好的人际关系，建立良好的人际关系有助于形成和谐的心理氛围，同时对人们的心理健康也有很大的帮助。

2.学习社交礼仪能够教会大家怎样正确地与人相处，如何做一个文明人。学习社交礼仪可以帮助我们塑造一个良好的形象，在社会上更好地发展。

3.学习社交礼仪能够形成良好的文明社会风气，使人与人、人与社会之间都能达成高度的和谐，促进社会主义精神文明建设。

002
见面礼仪要注意的事项

　　见面礼仪是日常交往中最常用的基本礼仪。不同国家或地区的见面礼仪也会有所不同，常见的见面礼仪有跪拜礼、鞠躬礼、握手礼、拥抱礼、亲吻礼等。

　　见面礼仪在与人交往中尤为重要，如果初次见面时没有注意礼仪，不仅会给对方留下不好的印象，还会影响后续关系的发展。当然，即使是与认识多年的朋友见面，也不能忽视见面的礼节。接下来我们来看这样一则故事。

　　王先生遇见了一位他很敬重的学者，这时学者正在与其他人交谈。王先生想，在这么多人面前一定要表现出对学者的敬重，所以在与学者握手的时候，他用左手直接盖在了学者的手背上，显得很亲密，在交谈的过程中也一直握着学者的手不放，以表达自己真挚的态度和由衷的敬意。

　　在与人交往过程中，不管在什么场合都应该遵守见面礼仪。见面礼仪包括介绍礼仪、握手礼仪、问候礼仪、名片礼仪等。接下来让我们来学习一下相关礼仪知识吧！

介绍礼仪

　　1.自我介绍。自我介绍时内容要简洁，介绍姓名、年龄即可；自己介绍完之后，要给对方自我介绍的机会；自我介绍过程中，注意自己的表情、姿态要自然大方，双眼要注视对方，眼神不可闪躲，让对方能够感觉到自己的友好、自信。

　　2.介绍他人。在介绍他人的时候要遵循这样的顺序：把男士介绍给女士，职位低者介绍给职位高者，晚辈介绍给长辈；介绍人做介绍时，应该用国际通用敬语，简单介绍姓名、工作等内容；作为被介绍者应面向对方站立，以表示想要结识对方的诚意。被介绍人要面带微笑。

握手礼仪

1.握手的基本规则。男士见到女士、晚辈见到长辈、学生见到老师、下级见到上级、客人见到主人时，应该主动问候，等到对方伸出手时，再行握手礼。

2.握手时应该用右手，手掌呈垂直状态，五指并拢，手指稍微一握，时间在3~5秒为宜。如果是老朋友见面，握手时间可以适当延长，一般以不超过20秒为宜。

3.握手时要看着对方、面带微笑，自然大方，腰板挺直。如果对方是长辈或者身份较高，应当上身稍微前倾或者头略低些，或双手捧接握手，表示尊重。一般情况下都是只用右手握手。

4.男士与女士握手时间不宜太长，否则显得轻浮、没礼貌。

5.男士同他人握手时不要戴着帽子或者手套。

问候礼仪

1.问候时要注意表情和蔼可亲，姿态要自然大方。

2.对于善意的问候，都应该给予礼貌的回应，不要态度恶劣或者没有任何回应。

3.要注意"你"和"您"的用法。通常用"你好"问候可能有两种情况：一种是双方关系比较亲近，另一种是在双方的社会地位和身份不相上下的情况下。用"您好"问候时，有可能是双方的关系一般，也有可能是双方的社会地位和身份是不对等的。

名片礼仪

1.在递名片时，双手拿着名片上方将名片正面正对着对方放置于合适的高度，说声"请多多指教"，然后做个简短的自我介绍。

如果姓名中有不常见的字，最好给对方念一遍，方便对方称呼。

2.在接受名片时，应该站立并用双手接，当对方说"请多多指教"时，应该礼貌地回话"不敢当"。接过名片后应该仔细看一遍，不应该直接放在一边或者来回摆弄，甚至丢弃。

003
社会交往中的言谈要注意的事项

在人与人的交往中，沟通是建立关系的桥梁，语言是沟通的媒介。

谈话是与人交流信息、联络感情的重要手段，谈话礼仪是一门需要学习的艺术。在人际交往中，人们会把谈话礼仪作为考察一个人是否有教养的重要标准。一个注重谈话礼仪的人，他的素质教养也不会太差。接下来我们看一看一位"礼仪小标兵"的案例。

礼仪小标兵说：自己小时候，经常听见父母向邻居热情地打招呼："您好啊！""吃过了吗？"我疑惑地问爸爸："为什么你们每次见面打招呼总是说同样的话？"爸爸笑着说："傻孩子，要做一个

讲文明、有礼貌的人呀！等以后你就会明白了。"在父母的熏陶下，我也慢慢养成了使用礼貌用语的习惯。后来有一次我们一家人去姨妈家，吃完晚餐后我说了一句："我吃饱了，你们慢慢吃！"姨父姨妈竖起大拇指称赞道："真是个懂礼貌的好孩子，长大以后一定有出息！"听到他们的鼓励后，我越发地注重言谈礼仪。

不管与谁交谈，我们都要讲究言谈的礼貌。当你与别人很有礼貌地交谈时，别人也会很有礼貌地对待你。所以，我们要先了解一下在交谈时需要遵守哪些基本规则，言谈礼仪有哪些基本要求以及在谈话时找话题需要注意的一些礼仪。

言谈的基本规则

1.善于倾听。要做好一个听众，对对方谈论的事情表示出感兴趣，即使对方讲的话题无法吸引你，也要适时地给出反应；在别人正在说话的时候，不打断别人。如果时间紧迫，不得不打断，也要找准时机，注意态度、语气；不当众反驳别人的观点，如果对方的观点没有违背伦理道德、侮辱国家、人格等原则性问题，没有必要当众否定；不在大庭广众之下纠正别人的发音、措辞等失误；聆听时要眼睛平视对方，表示自己在认真聆听。

2.善于表达。在表达自己的想法时，要简单明确，思路清晰。最好不要长篇大论、废话连篇。在说话过程中，要注意语气平和，语调高低适中，吐字清晰，尽量减少用一些模棱两可的词，比如"可能""也许"等，语速不能太快也不要太慢，语气要坚定。

言谈礼仪的基本要求

1.措辞谦逊文雅。主要体现在与人交谈时多用敬语、敬辞和礼貌用语。

2.谈话要掌握分寸。在交谈中，应该知道哪些话该说，哪些话不该说，一些话应该怎么说才能更好地达到谈话目的，这些都是言谈礼仪中应该注意的问题。有些话虽然是出于好意，但因为措辞不当，却可能引起不好的结果。所以要对说出口的话加以控制及修饰，把握好说话的分寸。

3.交谈注意忌讳。在交谈过程中，一般不会谈及涉及隐私的问题，比如年龄、婚姻、住址、收入、信仰、经历等，不要一直询问别人的秘密。一般不谈及不吉利、灾祸等不愉快的事情；还要注意与别人的亲疏关系，"交浅"不可"言深"，这是一种谈话艺术。

4.交谈要注意姿态。在交谈过程中除了语言，姿态也很重要。在交谈时，应该互相正视、互相倾听，不要东倒西歪、左顾右盼。不要一直盯着对方的某一位置，这样会让对方感觉不自在。不要做一些小动作，比如抠指甲、玩衣服等，这些都是不礼貌的行为。

004
社会交往中的基本要求和禁忌

社会生活中，每个人都有自己的关系网，个人的成长和发展也都离不开自己的关系网。随着现代社会的开放，人们的交往也越来越复杂，对人们的社会交往能力要求也越来越高。

社会交往能力是一个人心理健康、社会适应能力方面的综合体现。培养良好的社会交往能力，是一个人能够更好地适应社会的前提。如果一个人的交往能力贫乏，就如同一滴水永远不会感受到大海的磅礴。接下来我们看一个和交往相关的案例。

中学生肖某，性格十分内向、孤僻，很少与人交流。入学以来，他与同班同学、舍友相处得都不融洽，还发生过几次冲突。后来他自己搬离宿舍，与其他班同学住在一起，这样一来他与同班同学的来往更少了，也很少参加班级集体活动。这种行为加深了他与同学们之间的隔阂，使他变得越来越孤独。肖某认为自己没有一个相互理解、交心的朋友，烦躁、孤独、自卑、焦虑等问题困扰着他。时间一长，他开始厌学，并不愿在学校继续待下去。最后，他只能选择休学。

良好的社会交往有利于个人的健康成长，能让独立的个体更容易融入群体生活。否则，不仅会影响自己与他人的关系，还会导致自己产生心理健康问题。社会交往是文化传播的手段，也是社会发展的基础。我们要学习交往中有哪些基本要求与禁忌，以及影响社会交往的因素。

社会交往中的基本要求

1.真诚待人。不管与谁交往，自己都要有一颗真诚的心。虚伪的人往往得到的也是虚伪，所以唯有真心才能换来真心。

2.亲切。人们都喜欢与亲切、平易近人的人来往，他们能够给人一种像家人一样的氛围，使人乐于接近，被他们吸引。爱摆架子的人，人们一般都是敬而远之。

3.开朗。每天高高兴兴的人，谁见了也都会变得开心，谁都愿意与这样的人靠近。开朗的人通常都会有乐观的心态，也会感染周围的人。

4.幽默。说话风趣幽默的人，到哪儿都是受欢迎的。每个人都喜欢开心果，与他们相处整个人也都会开心起来。

5.热心。在团体生活中，热心帮助别人的人往往会受到大家的尊重与喜爱。很多人会怕麻烦，担心吃亏，为什么是我做，总是一味地推托，这样的人是最不受欢迎的。

社会交往中的禁忌

1.忌举止粗鲁。在交往过程中，有的人认为简单粗暴、不用在意细节才是劳动人民的本色，而优雅的举止、谈吐则是资产阶级的产物。这种错误的认知对现代社会发展是不利的。

2.忌乱发脾气。喜怒哀乐是人之常情，当心情不佳时，随便对身边的人发脾气是很不文明的，应该学会控制自己的脾气，自己

"消化"。如果随便乱发脾气只会让别人对自己"敬而远之"。

3.忌传播流言。在交往过程中，彼此说几句心里话是不为过的，绝对不能逢人就说长道短、搬弄是非，对别人的不幸切忌幸灾乐祸、添油加醋。

4.忌说话过头。与人交往中，讲话要实事求是，不要夸大其词，在公共场合不要随便与人打趣逗乐，开过分的玩笑。

影响社会交往的因素

1.交往语言能力。交往效果的好坏，其中一部分取决于双方之间是否产生共鸣、依赖、相互理解的程度。在交往过程中，使用恰当、准确、通俗易懂、富有表现力的语言，往往更容易取得理解，使双方的交往更加顺利，增进感情。

2.道德修养。拥有较高的道德修养往往在说话、交往过程中更容易与别人友好相处。在待人接物方面处理更得当，也会拥有强烈的集体责任感和义务感。而没有良好道德修养的人，总是处处先考虑自己，对于其他的人和事不关心，不易融入集体。

3.性格因素。每个人生来就是与众不同的。生长环境、父母教育、教育背景等都是不相同的，都会影响性格的形成。因此，我们多与人接触培养自己性格的多样性，慢慢就会养成与他人交往的习惯，也会更容易与别人相处，这样可以防止与陌生人接触时显得不自在。

005
请求帮助时应注意的事项

在社会中每个人都是独立的个体，但又因为各种关系和事情，每个独立的个体之间又会产生联系。在交往过程中，避免不了寻求他人的帮助或者帮助他人。在帮助别人与被别人帮助的同时增进人与人之间的感情，也是一种收获。

古话说得好，"种瓜得瓜，种豆得豆"，种下善因就会得到善果。我们不要吝啬自己的帮助，也许对自己来说只是举手之劳，对别人来说却是莫大的帮助。在帮助别人的同时，能留给自己一片广阔的天地。接下来我们来看这样一则故事。

一位僧人在路上看见盲人打灯笼觉得很奇怪，便问："你自己又看不见路，为什么还要打灯笼呢？"盲人说："我听说天黑以后世人都跟我一样，什么都看不见，我打着灯笼他们就能看见了。"僧人说："原来你是为了世人才点的灯，很有善心。"盲人又说："其实我也是为了自己，这样世人在晚上才能看到我，就不会撞到我了。"

帮助别人也是帮助自己。当我们帮助别人或者需要别人帮助时，一定要注意自己的言行、态度。

请求帮助的注意事项

向别人提出请求时，应该以"请"字开头，不管对方是家人还是亲密的朋友。当自己有重大事情需要别人帮助时，要找到恰当的时机向别人求助。不要在别人正在思考问题或者遇到麻烦心情不好时提出请求；如果别人拒绝自己的请求，要表示理解。不能责怪别人，给人摆脸色，更不能强人所难。

请求别人时要注意语气，端正态度。虽然是有求于人，但也不需要低三下四、低人一等，更不能居高临下，用命令的口吻来要求别人帮助自己。而应该平等对待，用商量的语气。如果别人有客观原因，不能答应自己的请求，也不能抱怨，更不能恶语相向，还要道谢，这样下次有需要帮助的事，对方又有能力的话一定会鼎力相助的。

请求前面加个称呼。现在微信越来越普及，经常会看到有些人群发消息，让朋友们帮忙投票、点赞等。那些人觉得自己的请求很简单，但仅仅是一条群发消息就想得到别人的帮助，会让人觉得没有一点诚意。如果能在前面加个称呼，让对方感受到自己的诚意，就会提高别人帮助自己的概率。

把请求的事量化成具体的动作。提出请求的时候，应该说明需要对方具体做些什么，才能让别人更好地帮助自己。比如，某个作家刚出版了一本书，需要认识的朋友帮忙宣传一下，这时如果只是笼统地跟他们说："我新出版的书，请支持一下。"这时朋友们也不知道怎么做才算支持：朋友圈点赞是支持，买一本书是支持，告诉周围的朋友也是支持。如果告诉对方具体需要做什么，可能就会达到想要的效果。

帮助别人的原则

在现代社会中，一些人总是以道德绑架他人。当我们没有答应别人的请求时，就像犯了错一样，别人会说你"没良心"。其实这样是不对的，无形中给大家造成了一种伤害。帮助别人首先是"自愿"的行为，是自己可以选择的权利。因此，帮助别人有以下原则。

1.帮助别人之前要充分了解对方的需求是什么，在自己有能力的范围内给予帮助。

2.不在自己繁忙或者自己疲劳的状态下提供帮助，这样可能会越帮越忙。

3.如果是工作中需要帮忙，尽量公事公办，不给同事带来麻烦；如果是私事，尽自己最大的努力去做。

4.如果别人的请求超出自己的能力范围，要学会委婉而坚定地拒绝。